MDS : 276224N1
ISBN : 978-2-215-10489-6

Dépôt légal à la date de parution.
Conforme à la loi n ° 49-956 du 16 juillet 1949
sur les publications destinées à la jeunesse.
Imprimé en France par Jean-Lamour - Groupe Qualibris. (05/10)

DÉCOUVERTE DU MONDE

IMAGIA MYTHOLOGIES

Conception
Émilie Beaumont

Texte
Sylvie Baussier

Images
Marie-Christine Lemayeur
Bernard Alunni
Philippe Candé

FLEURUS
FLEURUS ÉDITIONS, 15-27 rue Moussorgski 75018 PARIS
www.fleuruseditions.com

Qu'est-ce qu'un mythe ?

Naissance de Rê, premier dieu égyptien.

Thésée et le Minotaure.

Un mythe est une histoire extraordinaire. Il peut raconter les amours d'un dieu, les mésaventures d'un animal fabuleux ; il peut aussi expliquer comment la Terre est née, comment le premier homme est apparu, pourquoi le Soleil se lève... Mais toutes les histoires étonnantes ne sont pas des mythes.

Mieux qu'un conte

Les contes sont des histoires dont on sait qu'elles ne sont pas réelles, comme la *Belle au bois dormant* ou encore *Blanche-Neige*. Un mythe est un conte que tout un peuple croit vrai dans un endroit du monde et à une époque donnés.

Les mythes font partie de la religion

Les dieux qui interviennent dans les mythes sont ceux d'une religion : des temples et des fêtes leur sont consacrés, des prêtres leur sont souvent dévoués. Chaque religion a ses propres mythes.

Les mythes sont différents de l'Histoire

Les récits historiques rapportent des faits qui se sont réellement produits dans le passé et dont les acteurs sont des hommes et des femmes. Les mythes racontent des faits encore plus anciens dont personne n'a été témoin et dont les héros sont des dieux et d'autres êtres extraordinaires. Les hommes se transmettent de génération en génération les mythes auxquels ils croient. Le mot « mythe » vient d'ailleurs du grec « muthos », qui signifie « histoire que l'on raconte ».

La louve allaitant les jumeaux Remus et Romulus, fondateurs de Rome.

Comprendre les mythes

En Asie comme en Amérique, en Europe comme en Afrique, partout les hommes ont créé des mythes depuis les temps les plus anciens.

Comprendre pour agir

Les hommes des sociétés modernes expliquent beaucoup d'événements par la science. Mais il existe toujours des sociétés où l'on donne plus d'importance aux croyances qu'à la science et où l'on conserve une forme de sagesse héritée des ancêtres. Les sociétés anciennes mettaient leurs connaissances en astronomie ou en mathématiques au service de leur religion. Dans leur esprit, le monde des dieux et celui des hommes ne faisaient qu'un. Il fallait donc communiquer avec les dieux. Si les hommes les honoraient bien, ils pouvaient éviter les catastrophes (maladies, tremblements de terre...) et même provoquer des naissances ou de bonnes récoltes.

Des thèmes identiques à travers le monde

Certaines sociétés ont été influencées par d'autres, comme les Romains le furent par les Grecs. Mais il est surprenant de constater que des communautés qui étaient très éloignées les unes des autres possèdent des mythes semblables. Ainsi, il est souvent question d'une gigantesque inondation, un déluge, qui aurait recouvert la Terre et dont bien peu auraient réchappé. Ce thème du déluge se retrouve dans des mythes de Babylone, de Grèce, d'Inde, d'Amérique du Nord... Et il est aussi présent dans la Bible, à travers l'histoire de Noé.

Chaque civilisation possède ses rites pour communiquer avec les dieux, comme les Aztèques (à gauche) ou les hindous (à droite).

Des historiens et des scientifiques se sont interrogés pour savoir si le mythe du déluge ne correspondrait pas à une terrible inondation qui aurait réellement eu lieu, au moins dans le monde méditerranéen.

Connaître les mythologies

Comment peut-on connaître les mythes d'une civilisation disparue depuis des centaines ou des milliers d'années ? Certaines histoires ont été englouties avec la mémoire des conteurs qui les transmettaient oralement. Mais beaucoup d'autres ont été conservées grâce à l'écrit, aux sculptures, aux dessins…

La tradition

Les mythologies grecque et romaine n'ont jamais disparu de la mémoire européenne. L'historien grec Plutarque, par ses récits, a même sauvé de l'oubli le mythe égyptien d'Osiris et Isis. D'autres cultures, comme celles des Mayas et des Aztèques, ont été découvertes et en partie détruites par les Espagnols lorsqu'ils ont débarqué en Amérique, au XVIe siècle.

Une explosion de connaissances

Aux XIXe et au XXe siècles, les archéologues, par leurs découvertes, ont fait faire des pas de géant à la connaissance des civilisations anciennes. Ainsi, Champollion, en déchiffrant les hiéroglyphes égyptiens, a permis de mieux connaître les croyances de ce peuple. En Mésopotamie, les milliers de tablettes d'argile gravée retrouvées dans la terre ont livré de nombreux récits. Mais il reste bien des mystères et incertitudes concernant en particulier les mythologies celte ou viking.

Certains mythes de Mésopotamie ont pu être redécouverts grâce aux tablettes d'argile que gravaient les scribes.

En Inde, les centaines de représentations sculptées qui figurent sur les temples fournissent d'importantes informations sur les mythes hindous.

Les mystères du monde

Partout sur la Terre, les peuples ont cru en des dieux et raconté leurs exploits. Mais pourquoi l'ont-ils fait ? Dans ces temps lointains, il n'y avait ni avions ni gros bateaux pour faire le tour de la Terre. Il n'y avait pas non plus de fusées pour aller dans l'espace. Bien des questions restaient sans réponses. Grâce aux mythes, les hommes ont pu donner un sens à ces mystères.

Les limites du monde connu

Autrefois, chaque civilisation ne connaissait qu'une petite partie de la Terre. La mer Méditerranée et ses côtes n'avaient, par exemple, pas de secrets pour les Grecs, qui la parcouraient en bateau. Mais ils ne savaient pas ce qu'il y avait au-delà. Peut-être était-ce le domaine des dieux ? Ils ont longtemps situé les Enfers, où s'en vont les âmes des morts, à l'ouest de la Méditerranée. Plus tard, ils ont compris que les eaux et les terres se poursuivaient vers l'ouest et ils ont donc imaginé les Enfers sous la surface de la Terre.

L'Univers

Chaque peuple s'est représenté l'Univers tout entier à l'image de ce qu'il voyait chaque jour dans son pays. Les Égyptiens le voyaient comme une vallée fertile entourée de déserts. Pour les Vikings, le monde avait pour origine les géants de la glace, puisque au nord de l'Europe, où ils vivaient, régnait le froid. Les Grecs, eux, s'étonnant de toutes ces îles qui parsèment la mer, pensaient que c'était Poséidon, dieu de la mer, qui les avait jetées là au cours d'un combat entre les divinités.

Les forces de la nature

De nombreux dieux prennent la forme d'animaux que les hommes admirent ou craignent.

La représentation du monde selon les Mésopotamiens.

Selon les Vikings.

Selon les Fon du Bénin.

La création des hommes selon les Mésopotamiens.

Selon les Mayas.

Selon les Indiens Navajo.

Les Égyptiens ont des dieux à l'apparence de crocodile, de vache ou de scorpion, les Indiens d'Amérique du Nord racontent les exploits d'un coyote, les Australiens donnent une grande importance au serpent... Comment maîtriser les forces bénéfiques ou violentes de la nature ? Qui fait gronder les volcans ? Peut-être le dieu grec Héphaïstos (voir p. 49) ? Qui fait pleuvoir ? Peut-être les dieux mayas Chac (voir p.104) ? En Irlande, en Amérique, au Japon ou en Égypte, on admire et on adore la divinité du Soleil, qui éclaire et chauffe la Terre ; sans elle, que serait-on ?

Comment le monde a-t-il été créé ?

Partout, les mêmes questions reviennent. Qu'y avait-il avant que le Ciel et la Terre soient créés ? Comment les premiers dieux sont-ils nés ? Beaucoup de mythes racontent qu'au tout début il y avait seulement une immense étendue d'eau. C'est le cas, par exemple, au Japon ou en Mésopotamie. Pour d'autres peuples, il n'y avait à l'origine que le vide : un gouffre glacé dans l'imagination des Vikings, le chaos pour les Grecs. Ensuite naissent les dieux qui donnent forme au Ciel, à la Terre et à toutes les créatures, dont les hommes.

Pourquoi les hommes ?

Pourquoi les dieux, qui sont si puissants, ont-ils imaginé les hommes ? Les Grecs pensent qu'ils ont été créés pour servir les dieux, pour les nourrir et les honorer. Les Mésopotamiens croient que les dieux les ont faits pour effectuer des corvées

La création de la Terre selon les Japonais.

Dans certaines civilisations, comme celle des Aztèques, les sacrifices humains sont nécessaires pour que les dieux fassent tomber la pluie et préservent les hommes. Les mythes aztèques expliquent d'ailleurs que les dieux eux-mêmes ont dû sacrifier leur propre cœur pour que le Soleil commence sa course dans le ciel (voir p. 101).

à leur place. Ainsi, dans de nombreuses mythologies, les hommes ont pour mission d'adorer leurs créateurs. Et comment les dieux ont-ils « fabriqué » les hommes ? Les divinités mayas s'y prennent à plusieurs fois, utilisant d'abord de l'argile, puis du bois, et enfin du maïs. La dernière tentative est finalement la bonne. Dans la mythologie égyptienne, c'est le dieu Khnoum qui forme les humains sur son tour de potier et, chez les Mésopotamiens, plusieurs dieux unissent leurs efforts pour façonner des hommes à partir d'argile et de sang. Dans la plupart des mythologies, les dieux utilisent leur talent d'artisans pour donner vie aux humains.

Les dieux peuvent-ils punir les humains ?

De grands mythes expliquent comment les hommes ont parfois été punis par les dieux. Cela se produit quand les humains n'adorent plus leurs divinités, qu'ils font trop de bruit ou deviennent méchants. Les dieux se fâchent et peuvent alors provoquer un déluge ou rendre les hommes mortels quand ce n'était pas encore le cas. La volonté des dieux est incontestable, les hommes doivent donc accepter la punition et l'endurer.

Que deviennent les morts ?

À leur mort, les hommes, ou leur ombre, se rendent dans une région du monde souvent présentée comme sombre et morne. Parfois, il existe aussi un paradis merveilleux, celui des héros grecs ou celui des valeureux guerriers vikings. Dans certaines civilisations, un jugement décide du sort des âmes mortes, comme dans l'Égypte ancienne.

Au Nigeria, le dieu du tonnerre, Shango, abat la foudre sur ceux qu'il juge méchants.

En Mésopotamie

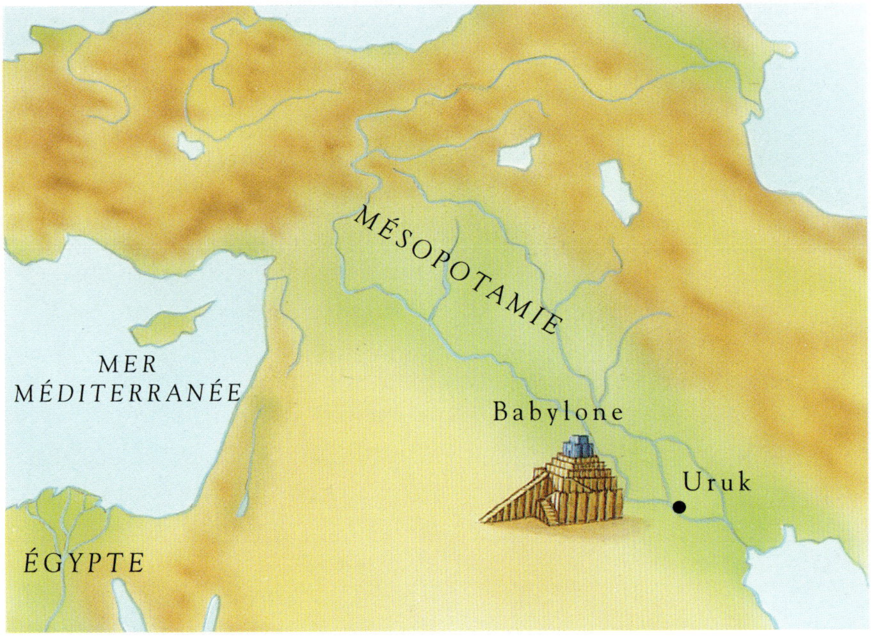

Des récits mythologiques de la Mésopotamie ont été retrouvés, gravés sur des tablettes d'argile, comme celle-ci ; les plus anciens ont environ 5 000 ans.

Si nous connaissons aujourd'hui les mythes de la Mésopotamie, c'est parce que les habitants de cette région du monde ont inventé l'écriture il y a plus de 5 000 ans ! C'est en effet grâce aux très vieilles tablettes d'argile gravées qui ont été retrouvées au XIXe siècle que l'on a pu déchiffrer les histoires divines de cette région.

Pourquoi ces récits ?

Pour les Mésopotamiens, si la Terre et le monde existent, c'est que les dieux les ont créés. Dans quel but ? Comment les dieux eux-mêmes sont-ils nés ? Les réponses à ces questions se trouvent dans les mythes. Ces récits peuvent varier car quinze siècles séparent les plus vieux des plus récents. Ainsi, des dieux ont presque disparu tandis que d'autres, come Mardouk, dieu protecteur de la ville de Babylone, ont pris de l'importance ! Certaines histoires étaient destinées à être lues lors de cérémonies magiques, d'autres étaient récitées lors de rituels, comme ceux du Nouvel An à Babylone.

Qui les a écrits ?

Personne ne le sait vraiment. Seul a été retrouvé le nom d'un scribe qui avait dû copier la version définitive de deux des récits découverts. Pour les autres, c'est un mystère de plus.

Les Mésopotamiens croient en des dieux d'apparence humaine, mais aussi en des divinités inférieures et des bons génies, représentés sous forme de taureaux ailés.

Les principaux dieux

Les dieux mésopotamiens ressemblent à des rois : ils gouvernent les êtres humains comme les princes gouvernent leurs sujets. Ils ont l'apparence et le caractère des hommes. Tous sont infiniment supérieurs aux hommes, qui les craignent et les respectent.

Les principaux dieux

Les dieux mésopotamiens sont nombreux et peuvent avoir plusieurs noms. Voici les principaux :
Enlil est le roi des dieux. Il dort sur sa montagne et a horreur d'être dérangé. Il punit d'ailleurs les hommes quand ils font trop de bruit et l'empêchent de se reposer ! Ses décisions, même quand elles sont injustes, s'imposent à tous les dieux.
Adad commande à la fois les orages dévastateurs et les pluies bienfaitrices. Son animal est le taureau.
Enki (Éa) est le plus intelligent des dieux. Il est le maître des techniques et il lui arrive souvent de réparer les bêtises commises par d'autres divinités.
Ishtar est la déesse de la guerre, souvent représentée avec un arc. Elle est aussi déesse de l'amour. Elle réserve parfois à ses amants un sort cruel.
Mardouk est le dieu de Babylone. En 1000 av. J.-C., il devient le roi des dieux et remplace Enlil après avoir sauvé les autres divinités de la colère de Tiamat, leur mère à tous.

Annunaki et Igigi

Les Annunaki, dont le roi est Enlil, sont les dieux dominants. Ils vivent sans rien faire, puisque les autres dieux, les Igigi, travaillent pour les nourrir. Jusqu'au moment où ils se révoltent contre l'excès de travail (voir p. 15).

La création de l'univers

Afin de devenir le roi des dieux, Mardouk combat Tiamat et ses terribles créatures.

Comment sont nés la Terre et les dieux ? Selon un texte nommé « l'Épopée de la création », à l'origine, il y avait deux êtres, à la fois personnages et lieux : Apsû, l'eau douce, élément masculin, et Tiamat, la mer, élément féminin. De l'union d'Apsû et Tiamat sont nés tous les autres dieux.

Querelles chez les dieux

Apsû est dérangé par le bruit de tous ses enfants et il projette de les supprimer. Mais Enki découvre son complot, le plonge dans le sommeil et le tue. Enki a un fils, Mardouk, le dieu le plus sublime. Les querelles divines recommencent et Tiamat, excédée par le bruit, veut elle aussi mettre à mort ses enfants. Pour cela, elle crée des dragons géants qui ont du venin en guise de sang, des monstres marins, des lions colossaux et des hommes-scorpions !

Mardouk, le vainqueur

Mardouk propose de sauver tous les dieux. S'il est vainqueur, il réclame le rôle de roi. Armé d'un filet, des quatre vents et de ses nombreuses armes, il bondit sur un char attelé de quatre chevaux infatigables. Il emprisonne Tiamat, ses dragons et autres créatures dans le filet et les tue. Tiamat est anéantie. Avec son corps monstrueux Mardouk crée l'univers : il le fend en deux et en courbe une moitié en forme de ciel, il fait de son foie la Lune et dispose la Terre au-dessus de l'Apsû (les eaux douces souterraines).

Babylone

Mardouk, fêté par tous les dieux, est reconnu comme leur nouveau chef. Il décide de se faire construire un sanctuaire sur Terre qu'il nommera Babylone, « le temple des grands dieux ».

Le monde créé par Mardouk.

La création des hommes

Pourquoi les dieux ont-ils créé l'homme ? À quoi ces créatures peuvent-elles bien leur servir ?

La révolte des Igigi

Les grands dieux Annunaki se sont partagé les territoires. Anu, dieu particulièrement adoré dans la ville d'Uruk, est monté au ciel, Enlil a pris la Terre pour domaine, et Enki s'est approprié l'Apsû, l'étendue d'eau douce qui est sous la Terre. Les Annunaki festoient et vivent sans rien faire. Ils ont en effet chargé les dieux Igigi d'effectuer tout le travail. Les Igigi creusent les cours des fleuves, entassent les montagnes, créent les marécages : ils donnent sa forme à la Terre... Mais, au bout de 2 500 ans, les Igigi finissent par se révolter contre le travail écrasant que les Annunaki leur imposent.

Enki invente l'homme

Si les dieux ne trouvent pas de solution, ils seront réduits à la famine. Il faut inventer de nouvelles créatures, propose Enki.

De l'argile et du sang

Enki prend de l'argile et la trempe dans la chair et le sang d'un dieu sacrifié ; l'homme aura ainsi une part de l'intelligence divine. La déesse Nintu dispose alors un peu de cette pâte dans sept moules pour les hommes et sept moules pour les femmes. Elle attend neuf mois pour que naisse la première génération.

Le déluge

Le dieu Enlil est agacé par le bruit que font les hommes.

Tous les dieux peuvent enfin vivre sans travailler depuis qu'ils ont créé les hommes. Mais ceux-ci réussissent si bien dans leur tâche qu'ils deviennent trop nombreux.

Les hommes dérangent Enlil

Les hommes existent depuis 1 200 ans. Ils ont appris à cultiver et à irriguer la terre. Ainsi, ils se nourrissent et se multiplient. Enlil est exaspéré par leur tapage et essaie une première fois de les exterminer en envoyant une épidémie sur terre, mais ils sont sauvés par Enki et Namtar, le dieu des maladies. 1 200 ans plus tard, Enlil envoie cette fois-ci une famine. Là encore, c'est Enki qui sauve les hommes de la sécheresse et des mauvaises récoltes. Enlil décide alors de les noyer sous un déluge.

Les préparatifs

Pendant qu'Enlil prépare le déluge, Enki décide de sauver un homme : Supersage. Il lui apparaît en rêve et lui conseille de se construire un bateau et d'y embarquer sa famille, des oiseaux, des bêtes des troupeaux et de la steppe.

Le déluge

La terrible tempête dure sept jours et sept nuits. Le soleil a disparu. La pluie et le vent mugissent comme un taureau. Puis le déluge cesse. La bateau s'étant échoué, Supersage fait une offrande de nourriture aux dieux qui se précipitent. Enlil s'aperçoit alors qu'on lui a désobéi puisque un homme est encore vivant ! Mais Enlil reconnaît l'intelligence d'Enki et le courage de Supersage, à qui il offre l'immortalité. Enki décide alors que les hommes seront désormais moins nombreux pour qu'ils ne dérangent plus les dieux. Certaines femmes ne pourront pas avoir d'enfants et tous les êtres humains mourront de mort naturelle au bout d'un certain nombre d'années de vie. Ce mythe explique ainsi comment les hommes sont devenus mortels.

L'histoire de Gilgamesh

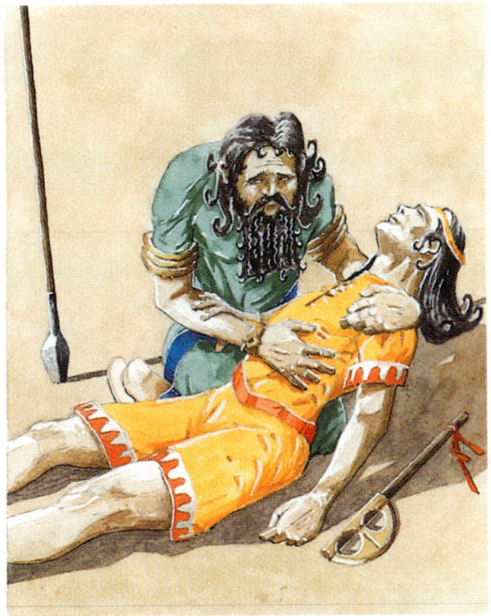

Gilgamesh est roi d'Uruk, une cité de Mésopotamie. Ce jeune demi-dieu est fier de sa force et de celle de sa ville. Qui peut lui résister ? Personne, sauf peut-être les dieux…

Gilgamesh ne craint rien

Les dieux, irrités par l'orgueil de Gilgamesh, ont façonné un être nommé Enkidu pour le combattre. Mais Gilgamesh et Enkidu deviennent vite de grands amis. Ensemble, ils tuent le gardien de la forêt des cèdres, un géant cracheur de feu ! Leurs exploits sont tels que la déesse de la guerre Ishtar, séduite, offre son amour à Gilgamesh. Il ose la repousser ! Pour se venger, Ishtar crée un taureau surnaturel qui doit éliminer Gilgamesh et détruire sa ville. Les deux amis triomphent encore. Ishtar envoie alors à Enkidu une maladie mortelle. Gilgamesh perd son ami.

Comment devenir immortel ?

Gilgamesh réalise alors qu'il est lui aussi mortel, comme tous les hommes.
Il n'accepte pas cette idée et part pour un long voyage pendant lequel il rencontre Supersage, celui qui a survécu au déluge et que les dieux ont rendu immortel.

La plante de vie

Supersage lui révèle l'existence d'une plante merveilleuse qui procure la vie éternelle. Gilgamesh la découvre au fond de la mer et veut rentrer à Uruk avec ce trésor. Mais, alors qu'il se baigne dans une source, un serpent dévore la précieuse plante. Gilgamesh est condamné à rester un simple mortel.

Anzû, oiseau de terreur

Anzû est un traître qui souhaite s'emparer du pouvoir du roi des dieux. C'est une sorte d'aigle immense, au bec en forme de scie. Le dieu Enlil le prend à son service et le charge de surveiller l'entrée de sa demeure.

Anzû trompe son maître

Chaque jour, à l'aube, Anzû voit son maître prendre son bain d'eau sacrée. Enlil dépose alors sur son trône sa couronne, son manteau divin et la Tablette aux destins, où est écrite la destinée de toutes choses. Anzû décide un jour de dérober ces insignes de puissance et de devenir le roi des dieux. Ainsi, il rêve de commander tous les Igigi ! Vite, Anzû emporte son butin en haut de sa montagne. Aussitôt, le silence et l'immobilité règnent dans l'univers.

Qui tuera le traître ?

Les dieux se réunissent et cherchent un champion pour tuer Anzû. Mais trois dieux refusent. Comment défier cet oiseau qui possède désormais les pouvoirs divins ? Enki propose d'envoyer Ninurta, le fils de celle que l'on surnomme « Dame de la mise au monde ».

Un terrible combat

Les premiers coups de Ninurta sont sans effet. Anzû lui ôte son arc, mais Ninurta repart au combat, soutenu par les dieux. Il tranche alors les ailes de l'oiseau avant de le mettre à mort. Les dieux récupèrent enfin les insignes de leur pouvoir et toute leur puissance : l'ordre est revenu !

Armé de sept vents redoutables, Ninurta part dans la montagne combattre Anzû. Le soleil s'est voilé, l'ouragan gronde, tandis que les ennemis se font face.

Le mariage de Sud et Enlil

Les présents offerts à Sud pour son mariage.

La déesse Sud, devenue Ninlil.

Enlil n'a pas d'épouse. Un jour, alors que la déesse Sud, devenue jeune fille, se tient devant l'entrée de la maison de sa mère, elle séduit le dieu par sa beauté. Mais quand il lui demande de la suivre sans plus de cérémonie, elle refuse.

La demande en mariage
Sud ne veut pas écouter le dieu. Enlil comprend qu'il doit faire une demande en mariage officielle. Il charge son page, Nuska, d'aller trouver la mère de la jeune fille. Nuska lui transmet le message de son maître : si Sud épouse le grand dieu Enlil, elle habitera avec lui dans son palais. Elle distribuera les pouvoirs entre les dieux et décidera du destin des hommes ! Elle prendra alors le nom de Ninlil (Dame Air). L'affront est réparé, le mariage est convenu.

Une pluie de cadeaux
Tout heureux, Enlil fait apporter des centaines de présents à Sud. Un défilé de cadeaux traverse la ville. Sud reçoit aurochs, cerfs, éléphants, daims, gazelles, ours, moutons, béliers sauvages, brebis, singes, vaches... Elle reçoit encore fromages aromatisés, miels de toutes sortes, dattes, figues, grenades, cerises... Sans compter les topazes, l'or et l'argent !

Les pouvoirs de la déesse
Après leur nuit de noces, Enlil donne ses nouveaux pouvoirs à sa femme : elle sera la déesse de l'amour et des naissances, et dirigera le travail des sages-femmes. Elle sera aussi la déesse du grain qui pousse, régnant ainsi sur l'agriculture. Enfin, l'écriture sera sous sa protection. Ce mythe donne son origine à Ninlil et explique ses pouvoirs.

En Égypte

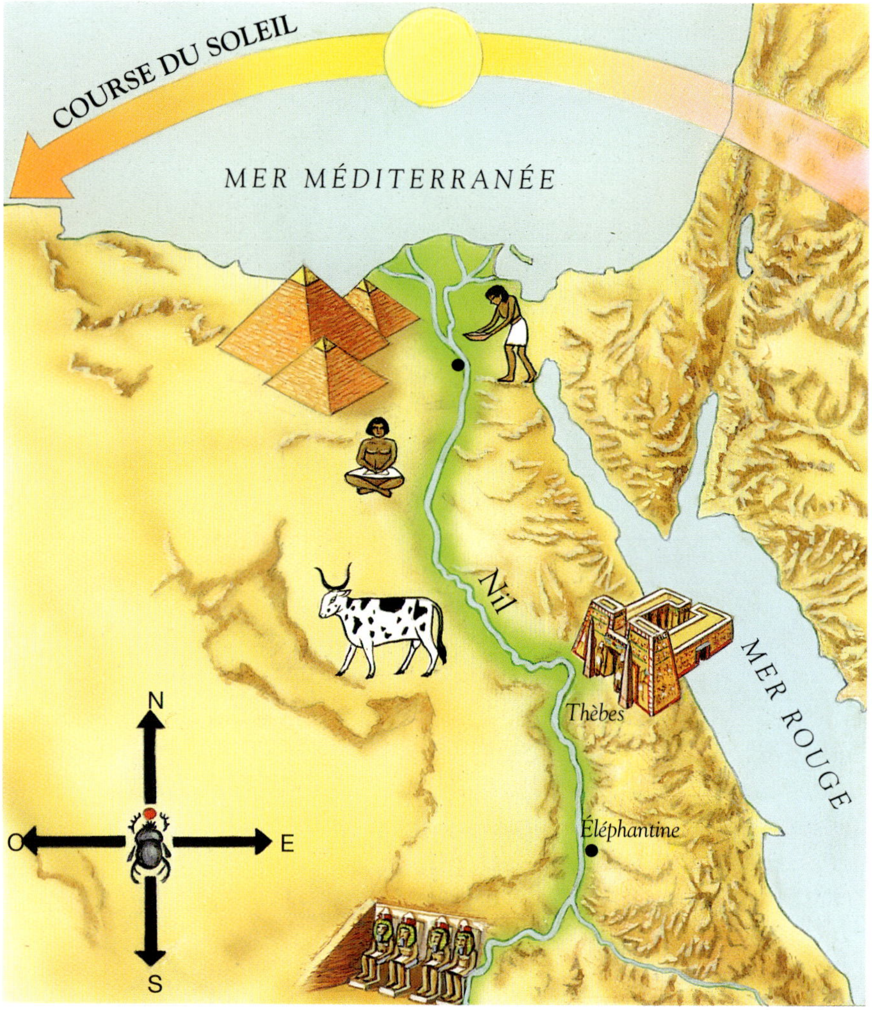

Le Nil coule du sud au nord. Le Soleil, lui, poursuit sa course de l'est vers l'ouest. Ainsi, l'eau et la lumière, conditions de toute vie, dessinent les deux axes essentiels du pays. Des temples sont même orientés suivant le trajet du Soleil dans le ciel.

Pour les Égyptiens, les dieux sont partout. Sur terre, là où habitent les hommes, mais aussi dans un autre monde, invisible : celui que le dieu Soleil traverse chaque nuit et que les défunts vont rejoindre après leur mort. Ces dieux nombreux, à l'apparence changeante, ont créé le monde et en garantissent la continuation.

L'écriture des dieux

C'est le sens du mot grec « hiéroglyphe ». Pendant 3 000 ans, les scribes ont tracé l'histoire des divinités grâce à ces signes inventés par le dieu Thot lui-même. Ces textes ne servent pas simplement à laisser une trace écrite : pour les Égyptiens, tout ce qui est écrit est vrai. Ainsi, dans les tombes royales, les récits de voyages dans l'au-delà doivent aider le mort à trouver son chemin. Longtemps, les hiéroglyphes (ci-dessous) sont restés mystérieux, mais le Français Champollion a réussi à les déchiffrer au XIXe siècle. Grâce à lui, nous en savons plus sur l'extraordinaire histoire des dieux égyptiens.

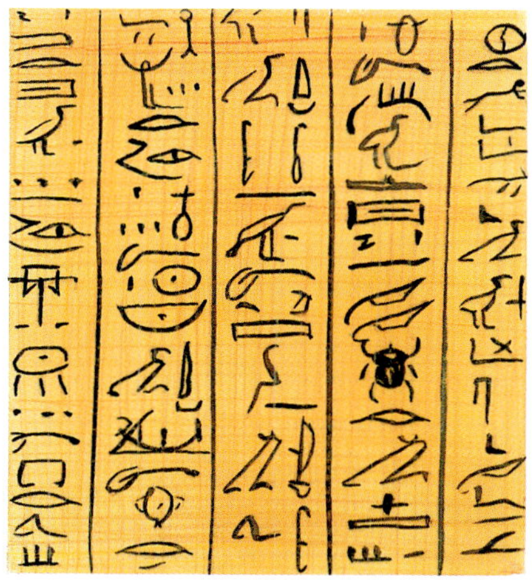

Les principaux dieux

Les Égyptiens croient en de très nombreux dieux, qui ont créé l'univers et les hommes et qui les protègent chaque jour de la destruction. C'est pourquoi il est très important que les prêtres les honorent dans leur maison sacrée, le temple.

Quelques-uns des principaux dieux

Rê

Le roi des dieux est aussi le dieu-Soleil. Chaque jour, il parcourt la voûte céleste dans sa barque. Sa course maintient l'ordre du monde. Il est souvent associé à Amon, un autre dieu solaire, d'abord vénéré dans la ville de Thèbes, puis dans l'Égypte entière. Il prend alors le nom d'Amon-Rê.

Osiris

C'est devant lui que se présentent les morts, dans l'espoir de bénéficier comme lui d'une vie éternelle. Au temps lointain où les dieux régnaient sur la terre, il a été roi d'Égypte avant d'être

assassiné par son frère Seth. Grâce à l'intervention d'Isis et d'Anubis, sa mort ne sera pas définitive : il revivra dans l'au-delà, sans avoir le droit de revenir sur terre (voir p. 28).

Isis

C'est la déesse magicienne.

Ses pouvoirs sont tels qu'elle peut donner une seconde vie à son époux Osiris. Elle est aussi une mère attentive et aimante : elle élève Horus, son fils, loin de son terrible oncle Seth et le sauve des dangers qui le menacent sans cesse. C'est pourquoi elle devient naturellement, aux yeux des Égyptiens, la déesse protectrice des femmes et des enfants.

Anubis

Il est le fils illégitime d'Osiris et de Nephtys, la sœur d'Isis. C'est lui qui a fait la toute première momie : celle d'Osiris. Grâce à ce rite, le corps de son père a pu renaître. Depuis lors, Anubis est le dieu des embaumeurs. Il joue aussi un rôle important dans l'au-delà, puisqu'il est chargé de conduire les hommes défunts devant Osiris. On le représente avec une tête de chacal et il peut même prendre le corps de cet animal du désert.

Horus

Il est l'unique fils d'Isis et d'Osiris. Il passe toute son enfance dans les marais du Nil, où sa mère l'a caché pour le protéger du redoutable Seth. Devenu grand, il affronte enfin son oncle pour conquérir le trône d'Égypte. Il est le dieu protecteur des enfants.

Seth

Chaque nuit, il défend la barque du Soleil en combattant le terrible serpent Apopis. Mais c'est aussi un

Une multitude de

dieu jaloux : il assassine son frère Osiris, le roi légitime d'Égypte, pour prendre sa place. Seth est donc à la fois un dieu positif, grâce à qui le Soleil brille chaque matin, et un dieu redoutable, qui veut devenir roi par la force.

Khnoum
Ce dieu à tête de bélier aurait créé les hommes sur son tour de potier. Il est en particulier vénéré dans la ville d'Éléphantine, dans le sud du pays. C'est lui qui est chargé de veiller sur les sources du Nil et de garder les cavernes d'où, pensent les Égyptiens, jaillissent les crues qui fertilisent le sol.

Hathor
C'est la déesse magicienne. Elle est aussi la déesse de la musique et la nourrice du futur pharaon, à qui elle offre son lait. Elle porte en effet deux cornes de vache et elle est parfois représentée sous la forme de cet animal.

Bès

Ce dieu ne ressemble à aucun autre ; il est très populaire dans toute l'Égypte. Grâce à ses grimaces, ce petit gnome réjoui et laid fait fuir les bêtes les plus dangereuses, serpents, insectes et scorpions, et les êtres néfastes. Il protège les Égyptiens dans leur vie quotidienne.

Hâpy
Il personnifie la crue du Nil qui fertilise la terre chaque année. Hâpy est donc adoré par le peuple dans l'Égypte tout entière comme source de vie et d'abondance. Des bêtes sacrifiées et de la nourriture sont jetées à certains endroits du Nil pour l'implorer de provoquer une inondation suffisante.

Thot
Thot détient toutes les connaissances. Il a d'ailleurs

inventé l'écriture pour transmettre le savoir. Patron des scribes, il est lui-même en quelque sorte celui des dieux. Ainsi, il se charge de noter toutes leurs décisions. Thot est aussi le dieu de la Lune. La nuit, il remplace dans le ciel, Rê le dieu solaire.

Thouéris

Déesse au corps d'hippopotame et de crocodile et aux pattes de lion, elle protège les femmes enceintes, dont elle a le ventre arrondi. Elle les aide à accoucher et veille à ce qu'elles aient assez de lait pour nourrir leur bébé. C'est pourquoi elle est adorée par le peuple tout entier.

Bastet et Sekhmet
Bastet, la déesse-chat, est la fille de Rê. C'est une déesse pacifique. Mais attention : lorsqu'elle se transforme en Sekhmet la lionne, elle devient terrible

dieux et de fonctions

Elle est alors chargée d'anéantir les ennemis de Rê. À cause d'elle, les hommes ont d'ailleurs failli disparaître de la surface de la terre (voir p. 33).

Sobeck

Ce dieu-crocodile est le souverain des eaux douces : lacs, fleuves, marais. Il est aussi le dieu de la fertilité : selon les Égyptiens, plus il y a de crocodiles dans le fleuve, plus les récoltes seront belles après la crue.

Ptah

Dieu des artisans et des orfèvres, il est toujours représenté dans un vêtement blanc qui lui donne l'apparence d'une momie. Son épouse est la déesse Sekhmet. Ptah est surtout adoré dans la ville de Memphis.

Selkis

Elle est la déesse-scorpion. Elle pourrait faire peur, puisqu'elle est représentée

sous l'apparence d'un animal à la piqûre redoutable. En fait, elle joue au contraire un rôle protecteur et guérit les hommes des blessures envenimées.

Les dieux vivent et meurent

La naissance des dieux est souvent fabuleuse : Thot, le dieu-ibis, est né du crâne de Seth. La vache Hathor, fille du dieu-Soleil, est sortie d'une de ses larmes tombée sur le sable... Les dieux peuvent aussi mourir, comme Osiris assassiné par Seth, mais leurs blessures sont souvent guéries par la magie. Ils ont longtemps régné sur l'Égypte, avant de laisser cette tâche aux hommes. Ils se chamaillent, se disputent la place du chef, cherchent à se tuer les uns les autres. Rê, le roi des dieux, est même capable de bouder !

Les Égyptiens vénèrent-ils les animaux ?

De nombreux dieux peuvent prendre l'aspect d'un animal : Anubis est un chacal, Rê est parfois un scarabée, Hathor peut prendre l'apparence d'une vache... C'est pourquoi, dans l'Égypte ancienne, certains animaux comme les chats et les crocodiles, sont l'objet d'un véritable culte. Lorsqu'ils meurent, leur corps est parfois embaumé et reçoit une sépulture. Des momies animales ont ainsi été retrouvées par les égyptologues.

Des dieux aux multiples visages

Souvent, un même dieu peut revêtir plusieurs apparences différentes. Il porte des emblèmes qui permettent de le reconnaître (un habit, une coiffe, un sceptre) tout en étant métamorphosé. Thot peut ainsi être représenté avec une tête d'ibis ou une tête de babouin.

La création de l'univers

Comment le monde a-t-il été créé ? Comment peut-il naître quelque chose de rien ? Ce mystère a suscité plusieurs mythes égyptiens, dont voici l'un des principaux.

Amon-Rê naît de l'océan

Au commencement, il n'y avait dans les ténèbres qu'un océan sans fin, aux eaux immobiles. Cet océan s'appelait Nou. Le dieu Amon-Rê en émergea. Ce dieu du Soleil n'a ni père ni mère ; il est né de sa propre pensée. Apparu au sommet d'une colline sortant de Nou, il crache Shou, dieu de l'air, et Tefnout, déesse de l'humidité. Ce premier couple engendre ensuite Geb, la Terre, et Nout, le Ciel. L'univers est né. Mais l'océan Nou n'a pas disparu pour autant : il entoure le ciel, et les Égyptiens craignent qu'il se déverse sur la terre et la noie. Cet océan menaçant est représenté dans de nombreux temples sous la forme d'un lac sacré.

La naissance des hommes

Geb, le dieu de la terre, et Nout, la déesse du ciel, donnent à leur tour naissance à tous les autres dieux. Mais qui a créé les hommes ? C'est souvent au dieu-bélier Khnoum que les Égyptiens attribuent ce rôle. C'est lui qui aurait donné sa forme au corps humain sur son tour de potier. Il s'occupe tout particulièrement de façonner sur son tour les futurs pharaons et de leur donner leur « kâ », c'est-à-dire leur énergie vitale.

1 - Le dieu du Soleil, Amon-Rê, émerge de l'océan Nou au sommet d'une colline. C'est le premier dieu qui apparaît.

2 - Une fois l'univers en place, le dieu Khnoum, sur son tour de potier, modèle les hommes. Il s'applique tout particulièrement en créant les futurs pharaons.

Un monde peuplé de dieux

Représentation du monde le jour puis la nuit, avec Nout (le Ciel), Geb (la Terre), Shou (l'Air) et le Soleil.

Pour les Égyptiens, l'air, le ciel, la terre sont peuplés de dieux. Ce sont eux qui ont créé toutes choses et qui, jour après jour, repoussent les forces mauvaises qui menacent d'engloutir le monde. Les mythes expliquent comment le ciel peut rester suspendu si haut, quelle est l'origine du Nil, dans quel lieu se rendent les morts…

Le ciel et la terre
Le corps de la déesse Nout forme la voûte céleste. Le Soleil et les étoiles suivent sa forme lors de leur parcours quotidien. Shou, le dieu de l'air, soutient Nout avec ses deux bras, lui permettant ainsi de rester tout en haut de l'univers. Il la sépare de Geb, le dieu de la terre, avec qui elle a eu quatre enfants. Nou, l'océan primordial, menace d'engloutir un jour l'univers tout entier. La crue du Nil, à la fois bienfaitrice et dangereuse, est une de ses manifestations.

Où vont les morts ?
Ils se rendent dans le royaume d'Osiris, qui se situe à l'ouest, sous la terre. Les routes qui y conduisent sont obscures, et leur entrée est gardée par un double lion.

Où habitent les dieux ?
La plupart habitent dans le ciel, sauf ceux dont la fonction est liée à un autre lieu. Ainsi, Geb habite sur la terre, puisqu'il en est le dieu, et Osiris dans l'au-delà. Tous, sauf Osiris, se rendent sur terre pour se nourrir. Leurs palais sont rarement décrits ; ils ressemblent aux temples que les hommes leur bâtissent.

La très longue

Le Soleil éclaire la Terre pendant le jour. Mais, chaque nuit, c'est la Lune qui doit remplir cette mission, tandis que le Soleil disparaît pour effectuer un étrange voyage plein de dangers. Réapparaîtra-t-il le lendemain pour offrir sa précieuse lumière ? Rien n'est moins sûr pour les Égyptiens, qui saluent chaque matin, soulagés, le lever du Soleil.

Comment se déplace le Soleil ?

Le matin, quand il apparaît à l'est, le dieu-Soleil monte dans sa barque du jour. Il parcourt ainsi les douze heures de son voyage au-dessus de la Terre. Le soir, il arrive à l'ouest. Il monte alors dans sa barque de nuit. Son voyage nocturne va durer douze heures lui aussi. Certains mythes racontent qu'à chaque nouvelle heure il change de bateau ! Pendant ce temps, la Terre est plongée dans l'obscurité et le Soleil éclaire le monde de l'au-delà. Son équipage est formé de diverses divinités.

Le combat de Rê et d'Apopis

Apopis est un gigantesque serpent. Chaque nuit, il tente d'avaler Rê pour empêcher le Soleil de renaître. Mais, chaque nuit, l'équipage de la barque divine, et Seth en particulier, parvient à le vaincre. Apopis n'est pourtant jamais tout à fait détruit et, chaque fois, le combat recommence, symbolisant la lutte des forces du mal contre l'ordre du monde.

Les autres rencontres

Pendant les longues heures que dure son trajet nocturne, le Soleil rencontre bien d'autres créatures. Son embarcation doit traverser un étrange

Le dieu Seth s'attaquant au serpent Apopis.

monde souterrain où chaque heure nouvelle amène des surprises. La barque doit parfois même être tirée sur le sable à la lueur des torches. Le Soleil peut croiser des serpents impressionnants mais qui ne lui veulent aucun mal, des morts enchaînés ; il passe devant un lac en feu, symbole de fertilité...
Au fil des heures, il lui suffit de nommer les gardiens des différentes portes de l'au-delà pour les franchir sans encombre. En effet, selon les Égyptiens, celui qui sait le nom des choses possède un pouvoir sur elles.

La renaissance
Le Soleil apparaît enfin au-dessus du désert, à l'est : c'est l'aube, dont les couleurs rouges évoquent le combat entre le serpent Apopis et la barque solaire. Le monde peut renaître une fois de plus.

Les différents visages du Soleil
À son lever, le Soleil est personnalisé par Khépri, le dieu-scarabée (2), ou figuré sous la forme d'un enfant. À midi, à son zénith, il est Rê, surmonté du disque solaire (3).
Le soir, lorsqu'il disparaît à l'ouest, c'est sous la forme d'un vieillard ou d'un homme à tête de bélier : Atoum (1). Son voyage nocturne est souvent dessiné sur les murs des tombes royales.

L'assassinat d'Osiris

Seth ruse et fait entrer Osiris dans un coffre, qu'il jette dans le Nil. Mais Isis ne se désespère pas longtemps et lutte pour sauver son mari malgré l'acharnement de Seth.

Le dieu Osiris, tout comme Rê, a été roi d'Égypte. Le trône lui revenait de droit, puisqu'il était le fils aîné de Geb, la Terre, et de Nout, le Ciel. Il a épousé sa sœur Isis. Avec elle, il enseigne l'agriculture aux hommes, qui deviennent prospères. Mais son frère Seth, jaloux, décide de prendre sa place…

Le meurtre

Selon les récits égyptiens, Seth prend la forme d'un hippopotame ou d'un crocodile pour attaquer son frère sur les bords du Nil. L'écrivain grec Plutarque a laissé une autre version de cette histoire. Seth aidé de ses complices fait fabriquer un très beau coffre aux dimensions d'Osiris. Puis il l'invite à un banquet. Là, Seth déclare qu'il offrira le coffre à celui dont le corps en épousera parfaitement la forme. Ses complices font semblant d'essayer, sans succès. Puis c'est le tour du roi. À peine s'est-il glissé dans le coffre que tous se précipitent pour le refermer. Ils le jettent ensuite dans le Nil.

La quête d'Isis

Isis, désespérée par la mort d'Osiris, part à la recherche du corps de celui-ci, qu'elle retrouve dans le port de Byblos. Mais Seth apprend la nouvelle. Il rejoint Isis, découpe le corps d'Osiris en morceaux et le disperse en différents lieux d'Égypte. Isis ne se déclare pas vaincue. Elle parcourt le pays et rassemble les fragments du corps de son époux. Puis, avec l'aide d'Anubis, elle lui redonne vie. Désormais, il gouvernera le royaume des morts.

L'enfance d'Horus

Isis est une mère attentionnée. Elle prend soin de protéger son fils du dangereux Seth dès sa naissance en l'élevant dans les marais (à gauche). C'est le dieu Thot qui sauve Horus enfant d'une piqûre de scorpion (ci-dessus).

Isis la magicienne se transforme en épervier pour s'accoupler avec son époux. De cette union naît un enfant : Horus. Elle doit maintenant cacher à Seth l'existence de cet héritier légitime du trône et garder en vie ce fragile enfant que la mort menace à plusieurs occasions.

Une mère dévouée

Isis élève Horus dans le plus grand secret. Pour le protéger de son oncle Seth, elle vit avec lui parmi les grandes herbes des marais du delta du Nil. Chaque matin, après avoir dissimulé son fils dans les herbes, elle part mendier leur nourriture, déguisée en vieille femme.

La piqûre du scorpion

Un jour, Isis retrouve Horus inanimé. Elle appelle plusieurs dieux à son secours pour le sauver. Rê arrête sa course solaire dans le ciel jusqu'à ce que Thot parvienne à extraire du petit corps le venin du scorpion qui l'a piqué.

Un dieu protecteur des enfants

Malgré tous les soins de sa mère, Horus connaît encore bien d'autres malheurs au cours de son enfance, mais le jeune dieu sort finalement indemne de ces multiples mésaventures. C'est pourquoi il devient, sous son apparence enfantine, le symbole protecteur de tous les enfants. Une fois adulte, Horus peut partir venger son père (voir pages 30 et 31).

Horus venge son père

C'est Rê qui préside le tribunal des dieux, réunis ici pour décider à qui revient le trône d'Égypte. De Seth ou d'Horus, lequel est en droit de régner ? Les dieux sont partagés.

Après avoir tué Osiris, Seth devient roi d'Égypte. Mais Horus est bien décidé à venger son père et à reprendre le trône. Dans ce combat contre Seth, il est une fois de plus aidé par Isis, sa mère.

Le tribunal des dieux

Pour défendre sa cause, Horus présente l'affaire devant le tribunal des dieux, présidé par le plus grand de tous : Rê, dieu solaire. Horus veut faire reconnaître qu'il est l'héritier légitime du trône d'Égypte. Le dieu Thot le défend, mais Rê soutient Seth, qui a la force pour lui.

Le piège d'Isis

Les dieux sont divisés. Isis est prête à défendre son fils à tout prix mais Seth essaie de l'écarter du tribunal. Pour cela, il décide que ce tribunal se tiendra sur une île et interdit au passeur de laisser traverser aucune femme. Mais Isis se déguise en une pauvre vieille et parvient à convaincre le passeur de la conduire sur l'île. Une fois sur place, elle se change en une jeune femme. Seth la rencontre et admire sa beauté. Elle lui raconte qu'elle est là pour défendre son fils, berger à qui on veut voler le troupeau hérité de son père. Seth, révolté par cette injustice, plaide en la faveur de ce fils. Mais il ne se rend pas compte que cette histoire est la même que celle d'Horus et de son royaume ! Le tribunal accorde donc raison à Horus grâce à la ruse d'Isis.

Le défi de Seth

Seth, fou de rage, ne se déclare pas vaincu. Il lance un défi à Horus : tous deux devront se changer en hippopotames et plonger dans le Nil. Celui qui arrivera à rester trois mois sous l'eau aura gagné. Horus est d'accord pour affronter cette épreuve. Alors qu'ils sont déjà tous les deux sous l'eau, Isis comprend que Seth va en profiter pour

et devient roi d'Égypte

Après avoir vaincu, avec l'aide de sa mère (à gauche) les pièges tendus par Seth, Horus peut enfin porter la couronne d'Égypte (ci-dessus).

tenter de tuer son fils ! Elle se rend sur les bords du fleuve et blesse Seth à l'aide d'un harpon, mais elle ne le tue pas : n'est-il pas son frère malgré tout ? Après plusieurs autres aventures, Horus monte enfin sur le trône auquel il avait droit. Bien plus tard, quand le règne des dieux sur terre prend fin, des pharaons humains deviennent rois d'Égypte. Comme Osiris, ils transmettent le pouvoir à leur fils. Tout autre prétendant au trône serait un usurpateur ! Ce mythe explique donc comment se transmettait le pouvoir dans l'Égypte ancienne.

Le rôle de Thot

Lorsque les dieux prennent une décision, Thot est chargé de l'inscrire sur une tablette, acte qui la rend officielle. L'écriture a donc une fonction magique pour les Égyptiens. Elle doit garantir l'ordre du monde. Si Thot, dieu de l'écriture et des sciences, défend la cause d'Horus, c'est qu'elle est juste.

Thot, qui symbolise aussi le savoir et l'intelligence, prend dès le début la défense d'Horus, car il sait que celui-ci est dans son droit.

Le nom caché de Rê

Le dieu-Soleil Rê a de nombreux noms. Mais il ne révèle jamais le plus secret d'entre eux, qui lui donne une grande part de sa puissance. La déesse Isis décide d'utiliser toute son intelligence et sa magie pour découvrir ce nom, ce qui la rendra égale à Rê lui-même.

La ruse d'Isis

Comment forcer le dieu du Soleil à révéler son identité cachée ? Isis surveille Rê jusqu'à ce qu'une occasion se présente. Alors qu'il s'endort, Rê laisse tomber au sol un filet de salive. Isis le recueille et le mélange à un peu de terre de façon à créer un dangereux serpent. Ainsi, Rê sera attaqué par un animal qui ne sera pas une de ses créatures et qu'il ne saura donc pas combattre.

La morsure du serpent

Isis place l'animal sur le trajet de la promenade de Rê. Tout se passe comme elle l'avait prévu : le serpent mord le dieu, qui pousse un terrible cri de souffrance. Il sent le venin envahir tout son être, mais il reste impuissant. Quel est ce mal étrange dont il ne devine pas l'origine ?
Les autres dieux, accourus, regardent, désolés, leur maître se tordre de douleur.

La victoire d'Isis

C'est alors qu'arrive Isis la magicienne. « Dévoile-moi ton nom caché et je te guérirai », déclare-t-elle.
Rê égrène à Isis ses différents noms :
« Créateur du ciel et de la terre, Architecte des montagnes, Contrôleur des inondations... »
Tous sauf le nom caché.
Mais Rê souffre trop et finit par céder, à condition qu'Isis et son fils Horus ne le dévoilent à personne.
Alors, Isis guérit Rê en prononçant une mystérieuse formule magique et en lui appliquant un mélange d'herbes.
Depuis lors, Isis est aussi puissante que Rê lui-même.

« L'œil de Rê »

À une époque très reculée, Rê, dieu du Soleil, gouvernait l'Égypte. Mais les hommes complotent contre leur roi divin, peut-être parce qu'ils le trouvent trop vieux pour sa tâche. Rê l'apprend et réunit les dieux en grand secret afin qu'ils décident ensemble de la punition à infliger aux hommes.

Un roi trop vieux

Après de nombreuses années de règne, Rê a vieilli. Quand il apprend que les mortels complotent contre lui, il demande conseil à Nou, Shou, Neftout, Geb et Nout. Nou lui conseille d'envoyer aux hommes « l'œil de Rê » pour les punir : c'est une partie du corps de Rê.

Le grand massacre

Rê envoie donc son œil, sous la forme de la déesse-vache Hathor (1), poursuivre les hommes, qui se sont réfugiés dans le désert. Pour mieux les exterminer, Hathor se transforme en la terrible déesse-lionne Sekhmet. Sekhmet dévore tous les Égyptiens qui se trouvent sur son passage (2) puis retourne auprès de Rê. Mais elle a pris goût au sang et voudrait bien continuer son festin !

Rê sauve les humains

Rê est satisfait de la punition, mais il ne désire pas pour autant faire disparaître totalement les hommes, car ils sont une de ses créatures. Il mélange alors de l'ocre rouge avec 7 000 jarres de bière d'orge. Le liquide obtenu, qui ressemble à du sang, est versé sur terre pendant la nuit (3). Au petit matin, Sekhmet s'apprête à poursuivre le massacre ! Elle s'étonne à la vue de cette mer de sang, y goûte un peu, puis tant et tant qu'elle devient ivre, ce qui sauve les hommes de l'exctinction.

Rê monte habiter au ciel

Le dieu-Soleil a vaincu, mais il ne s'intéresse plus aux hommes. Il demande à Nout de se transformer en vache et de le prendre sur son dos pour le conduire dans le ciel (4). Désormais, Rê observera de loin l'agitation des créatures terrestres.

L'étrange roy

Osiris est le premier de tous, hommes et dieux, à vivre une seconde fois. Non pas sur la terre, mais dans le royaume des morts. Sa résurrection permet d'abord aux pharaons, et plus tard à tous les Égyptiens, d'espérer connaître comme lui une vie après la mort. Son culte et les rituels autour de la mort sont donc essentiels.

Le royaume d'Osiris

Osiris règne désormais sur le royaume des morts : la Douat. L'entrée bien gardée de ce lieu obscur et silencieux se trouve à l'ouest, là où le Soleil se couche. Au cours de leur longue histoire, les Égyptiens l'ont d'abord imaginé comme un double de leur pays où coule un frère jumeau du Nil, puis comme une partie du ciel où le Soleil parcourt les douze heures de la nuit.

Anubis l'embaumeur

Anubis, le dieu-chacal, a aidé Isis à ressusciter Osiris. C'est dans ce but qu'il a inventé la momification. Pour qu'un homme, après sa mort, puisse lui aussi voyager dans l'au-delà, il faut que son corps y soit préparé par ce même rituel : il est vidé de ses organes, imprégné de sel pour éviter qu'il se décompose, empli entre autres de sable, d'épices et et entouré de bandelettes de lin. Enfin, la bouche est ouverte, pour qu'elle puisse de nouveau recevoir le souffle de la vie.

Un chemin difficile

Avant de pouvoir se présenter devant Osiris, le mort se heurte à bien des difficultés. Des génies et des démons tentent à tout moment de le détourner de son parcours. Pour ne pas tomber en leur pouvoir, il

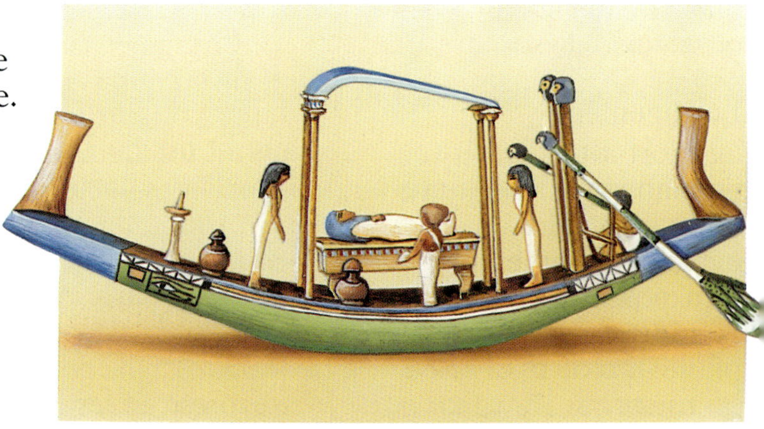

doit réciter de mystérieuses formules magiques et déchiffrer des inscriptions se trouvant sur les différentes portes à franchir pour gagner l'au-delà. Ceux qui ne savent pas lire doivent s'en remettre aux formules que les vivants récitent pour eux. Enfin, le mort se présente devant Osiris, qui décide de son destin.

Le jugement

Le mort a-t-il été juste pendant sa vie sur terre ? C'est ce que les dieux vont évaluer. Sur une balance sont posées d'un côté l'âme du mort, et de l'autre la plume qui symbolise Mâat, la justice. Si l'âme est au moins aussi légère que la plume, cela signifie que l'homme s'est bien conduit et qu'il mérite de vivre dans l'au-delà. Sinon, un monstre, la « dévoreuse », n'en fera qu'une bouchée et il mourra une seconde fois.

La salle des tortures

La plupart des « méchants » sont mangés par la dévoreuse, tandis que les « bons » sont acceptés parmi les dieux et peuvent parfois retourner sur terre un bref moment. Mais certains damnés connaissent un autre sort : ils sont livrés à de terribles génies doués d'une grande cruauté, qui les torturent et les dévorent !

Anubis ou Thot accueille le mort qui doit être jugé et le conduit devant le tribunal des dieux. La pesée de son âme a lieu. Thot note le résultat.

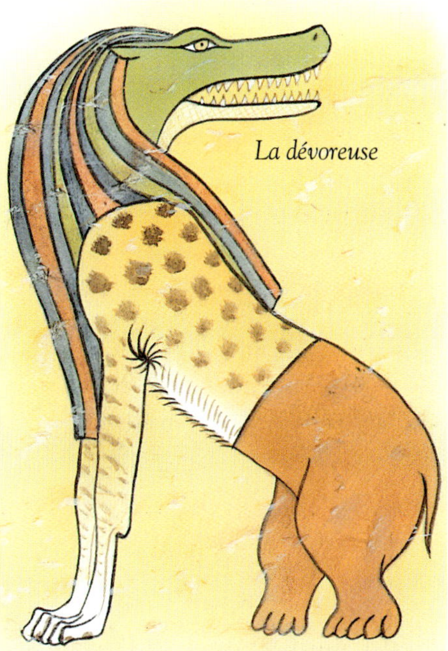

La dévoreuse

Chez les Grecs

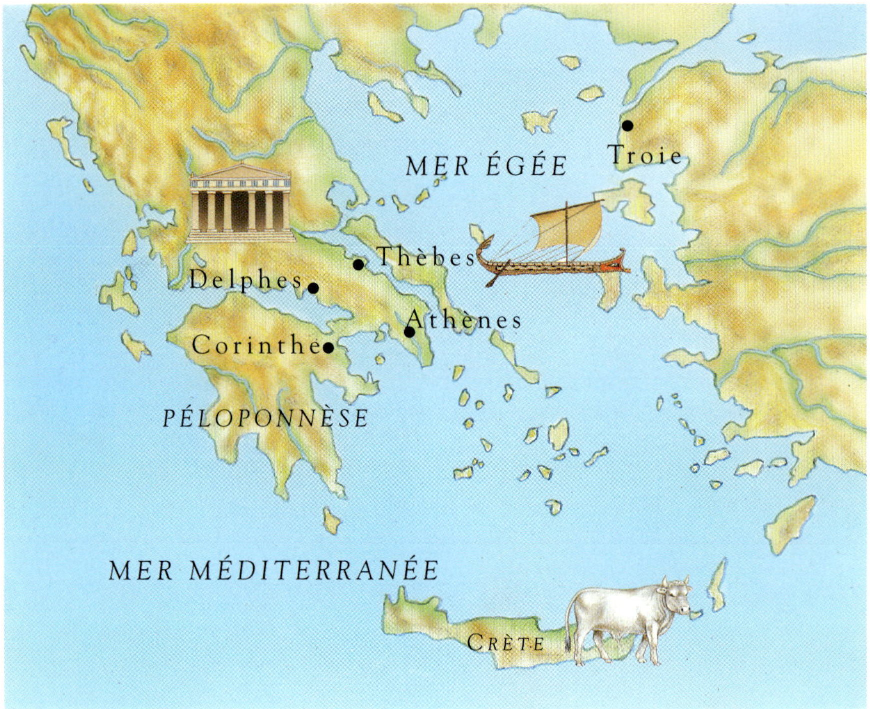

Les dieux savent tout et sont très puissants, pensent les Grecs. C'est pourquoi ils leur consacrent des fêtes publiques et leur font des offrandes. Il existe un dieu pour chaque événement de la vie. Mais les dieux eux-mêmes sont soumis à une force nommée Destin, que les Grecs ne représentent jamais.

À quoi sert l'Homme ?

Les dieux immortels ont créé toutes choses : la Terre, le ciel, la mer, les arbres, les animaux. Ils ont aussi créé l'Homme à leur image. Mais à quoi leur sert l'Homme, puisqu'ils sont si puissants ? À leur construire des temples et à les nourrir de leurs offrandes : les dieux ont besoin d'être adorés. Sans les hommes, les dieux seraient comme un roi sans sujets.

Les sources

L'Antiquité tout entière est baignée par les récits mythologiques. Les poètes chantent la vie des dieux et la représentent sur la scène des théâtres, les artistes la peignent sur les vases et la sculptent dans la pierre. Les Romains, après avoir conquis la Grèce, restent fascinés par sa culture, et des auteurs latins tels qu'Ovide racontent encore l'histoire foisonnante de ces dieux turbulents, qui deviennent ceux de la Rome antique. Les temples, les sculptures et les fresques offrent également des représentations des dieux, des étranges créatures qui les entourent et de leurs innombrables aventures.

La famille des dieux

Les Grecs croient en des milliers de divinités. Certaines sont très importantes : on les appelle les Olympiens. Les plus modestes, les nymphes, peuplent les rocs, les forêts et les rivières. Il existe aussi des créatures monstrueuses, qu'il vaut mieux ne pas rencontrer sur son chemin.

Héra et Zeus sont frère et sœur, ce qui ne les empêche pas d'être aussi mari et femme. Ensemble, ils ont deux enfants : Héphaïstos et Arès. Zeus, l'infidèle, a de son côté, de nombreux autres enfants. Sur la première ligne de l'arbre généalogique des dieux de l'Olympe figurent les enfants de Rhéa et Cronos : Hadès, Déméter, Héra, Zeus et Poséidon.

Les principaux dieux

Ils vivent sur le mont Olympe. C'est pourquoi on les appelle les Olympiens. Ils se nourrissent d'ambroisie (nourriture divine leur procurant l'immortalité) et boivent du nectar. Zeus est leur roi et les commande tous, mais ils se querellent souvent entre eux et leurs aventures ne sont pas toujours simples ! Les dieux ont le pouvoir de se transformer à volonté. Ils voient tout ce qui se passe sur la Terre et peuvent descendre parmi les humains pour les séduire, les servir ou les punir. Hadès est le seul à ne pas habiter l'Olympe : il vit dans les Enfers, là où résident les morts (voir p. 50).

Des divinités étranges

Les Centaures, fils d'Héra, sont des êtres sauvages et fougueux. Les Sirènes (femmes-oiseaux) cherchent à attirer les hommes dans la mer grâce à leur chant envoûtant.

Autour des Olympiens, il existe une foule d'autres divinités extraordinaires, aux pouvoirs étonnants. Les Vents obéissent à Poséidon, qui déclenche à volonté de violentes tempêtes. Les héros, mi-dieux mi-hommes, possèdent des pouvoirs exceptionnels et ont tous un destin hors du commun. Les nymphes, plus jolies les unes que les autres, vivent des centaines d'années.

Le fil de la vie

Les trois Moires décident du destin de chaque homme, sous la direction de Zeus. Ce sont des fileuses : l'une fabrique le fil de la vie, la deuxième le déroule, la troisième le tranche. Cela symbolise la naissance, l'existence et la mort.

Les monstres

Il existe aussi des êtres monstrueux : centaures à corps de cheval et à buste d'homme, sirènes mi-femmes mi-oiseaux, cyclopes à l'œil unique... Parfois interviennent des dragons et de vieilles femmes horribles et cruelles. La mythologie grecque est aussi riche d'animaux terrifiants, comme le Cerbère, chien à trois têtes et gardien des Enfers, des taureaux effrayants ou encore des chevaux mangeurs d'hommes !

Les Cyclopes sont trois frères. Ce sont les fils d'Ouranos, le Ciel (voir page suivante).

D'où viennent les dieux ?

Au début, il n'y avait que le chaos. Puis sont apparus la Terre, Gaia, et aussi l'Enfer, Tartare, le Désir, Éros, et enfin la Nuit.

La Terre et le Ciel

Gaia, la Terre, donne naissance aux montagnes, à la mer et à Ouranos, le ciel étoilé. Puis elle s'unit à Ouranos. Leurs enfants sont monstrueux : 12 Titans violents, 3 Cyclopes et les « Cent-Bras », qui ont chacun 100 bras et 50 têtes ! Ouranos les enferme au plus profond de la terre. Mais Cronos, le plus jeune Titan, se révolte contre son père.

Cronos

Cronos libère ses frères les Titans de leur prison souterraine. Devenu roi, il s'unit à sa sœur Rhéa. Gaia et Ouranos lui ont prédit qu'il serait à son tour détrôné par un de ses fils. C'est pourquoi, il dévore sans pitié ses enfants dès qu'ils viennent au monde. Rhéa parvient à épargner et à cacher son dernier-né : Zeus. À sa place, elle présente à son époux une pierre enveloppée de langes. Cronos l'avale.

Zeus se venge

Le jeune dieu grandit dans l'île de Crète. Plus tard, pour se venger de son père, il lui donne une boisson magique qui l'oblige à vomir ses enfants. Et voilà Poséidon, Hadès, Héra, Déméter et Hestia. Ils aident leur frère, leur sauveur, à devenir roi des dieux.

Zeus, le roi des dieux

Avant de se partager l'univers et de régner sur le monde, les dieux de l'Olympe ont dû s'unir aux Cent-Bras et aux Cyclopes pour affronter les Titans puis les Géants.

Zeus a libéré ses frères et sœurs. Ceux-ci décident donc de s'allier à lui contre Cronos. Il leur reste à affronter les Titans, qui veulent rester les maîtres de l'univers.

Un combat sans merci

Durant dix longues années, deux armées exceptionnelles s'affrontent, celle des Titans et celle des dieux du mont Olympe : Zeus et ses frères et sœurs. Tous sont si puissants qu'aucun camp ne remporte de victoire décisive sur l'autre.

Comment l'emporter ?

Zeus s'entoure des Cyclopes et des Cent-Bras et trouve en eux des alliés de choix. Les Cent-Bras, à eux trois, sont aussi terribles qu'une armée tout entière. Chacun envoie cent rocs, tandis que Zeus lance tant d'éclairs que les forêts s'embrasent et que la terre est ébranlée sous les coups de tonnerre. Enfin, les Titans sont vaincus et précipités sous terre, d'où ils ne ressortiront plus.

Les Géants

Zeus et les siens doivent encore affronter les Géants, mais les Olympiens sortent finalement vainqueurs de ce combat divin. Ils se partagent l'univers. Zeus régnera sur le ciel, Hadès sur le monde souterrain et Poséidon sur les eaux.

Les amours de Zeus

Zeus est un époux infidèle. Les belles déesses et les jolies mortelles attirent son regard et il n'hésite pas à se transformer pour les conquérir ! Chaque fois, Héra est prise d'une terrible jalousie.

Une nymphe farouche

Un jour, Zeus est séduit par la beauté de Io, une nymphe des bois. Mais Io le fuit. Zeus enveloppe alors les bois de sombres nuages, se se cachant ainsi des regards de Héra. Cependant, Héra trouve étrange cette nuit en plein jour et descend sur terre. Zeus a tout juste le temps de changer Io en génisse blanche afin que Héra n'ait pas de soupçon. « Donne-moi ce superbe animal », demande Héra, méfiante. Comment refuser ? La pauvre Io est placée dans un champ, surveillée par Argus aux cent yeux.

Zeus ordonne à son fils Hermès de la délivrer. Déguisé en berger, il joue de la flûte devant Argus. Il finit par l'endormir et lui coupe la tête. Zeus fait serment à Héra de délaisser Io, qui retrouve aussitôt sa forme humaine.

Zeus se transforme

Parfois, c'est Zeus qui se métamorphose pour approcher une belle. Ainsi, pour séduire la princesse Europe, il choisit l'enveloppe d'un superbe taureau blanc aux cornes d'or. Intriguée par cet animal si doux, la princesse monte sur son dos. Aussitôt, la bête s'élance sur la mer et emmène sa conquête jusqu'en Crète.

Zeus, sous la forme d'un noble taureau, emporte Europe sur son dos.

Qui est Dionysos ?

Dionysos n'est pas un dieu comme les autres : c'est le fils d'un dieu et d'une mortelle. À la différence des autres Olympiens, il mange de la viande crue, aime danser, rire et boire du vin jusqu'à l'ivresse. C'est le dieu de la folie et de la joie.

Dans une de ses aventures, Dionysos se transforme en lion pour échapper à des pirates !

Sa naissance

Zeus aime Sémélé, une mortelle, la fille du roi de Thèbes. Elle attend bientôt un enfant de lui. Mais la jalouse Héra, sous les traits d'une mortelle, conseille à Sémélé : « Demande à Zeus de se présenter dans toute sa puissance et dans son rayonnement divin ! » Héra sait que nul humain ne peut survivre à cette vision du dieu. Sémélé tombe en effet foudroyée ! Zeus sauve l'enfant qu'elle portait et le cache dans sa cuisse jusqu'à sa naissance. Il s'agit de Dionysos.

Les pirates

Un jour, Dionysos prend place à bord d'un navire de pirates pour effectuer une traversée. Mais les pirates, qui ne le reconnaissent pas, veulent faire de lui un esclave ! Fou furieux, Dionysos utilise ses pouvoirs pour faire pousser de la vigne et du lierre sur le bateau, et transforme les avirons en serpents. L'embarcation ne peut plus avancer. Dionysos se change soudain en lion. Les pirates, effrayés, sautent à la mer et le dieu, dans sa colère, les transforme en dauphins. Peut-être ce mythe explique-t-il pourquoi, aujourd'hui, les dauphins recherchent la compagnie de l'homme.

Athéna, la guerrière

La naissance d'Athéna
La première femme de Zeus était Métis, déesse de la sagesse et de la prudence. Mais on a prévenu Zeus que l'enfant qu'ils auraient ensemble le détrônerait. Pour éviter ce destin, Zeus avale Métis dès qu'il apprend qu'elle attend un enfant. Mais bientôt, un violent mal de tête le saisit. Il souffre tant qu'il demande à Héphaïstos, dieu des artisans, de lui fendre le crâne. Athéna en jaillit alors déjà armée et casquée, poussant un cri de victoire !

La protectrice d'Athènes...
Après avoir gagné un concours contre Poséidon pour devenir la patronne de l'Attique (région d'Athènes), Athéna devient la protectrice de cette cité. Des temples, et plus particulièrement le grand Parthénon, lui sont dédiés et de grandes fêtes publiques la célèbrent alors. Athéna est la protectrice des cités en général. Elle a aussi appris aux femmes à filer et à tisser, aux hommes l'art de la poterie et celui de construire des chars de guerre et des bateaux.

... et des héros
Athéna use de son intelligence pour aider les héros grecs à vaincre les pires difficultés : grâce à elle, Persée peut tuer Méduse (voir p. 54), Jason fait construire le navire qui le mènera à la Toison d'or (p. 58), Ulysse rentre chez lui après la guerre de Troie (p. 64)... Mais, lorsqu'elle est en colère, Athéna peut devenir impitoyable.

C'est une des déesses les plus respectées. Athéna est une déesse guerrière, qui use plus d'intelligence que de force brute. En temps de paix, elle enseigne mille techniques aux hommes et les aide ainsi à améliorer leur civilisation.

Sur cette pièce grecque sont représentés le visage d'Athéna et son animal symbole, la chouette.

Prométhée, Zeus et

Prométhée offre le feu aux hommes.

Zeus, de colère, fait enchaîner Prométhée.

Prométhée, fils d'un Titan, a tout changé dans la vie des hommes. Il leur a offert la viande des animaux à manger et le feu pour la cuire. Les dieux, eux, se contentent du fumet des festins.

Prométhée défie Zeus

À une époque lointaine, hommes et dieux vivaient ensemble dans l'abondance, mais un jour une querelle s'élève entre eux. Prométhée, qui doit les départager, prend en secret le parti des hommes. Il tue un bœuf, en dispose d'un côté la peau peu appétissante, sous laquelle il a caché la viande, et de l'autre la belle graisse blanche, qui ne recouvre que des os sans rien à manger dessus. « Quelle part choisis-tu ? » demande-t-il à Zeus. Le dieu désigne celle qui a la meilleure mine. La viande revient donc aux hommes et Zeus n'a que des os ! « Puisque c'est ainsi, je confisque le feu aux hommes, s'écrie Zeus. Qu'ils mangent donc leur viande crue ! » Mais Prométhée rapportera aux hommes le feu caché dans une tige de fenouil.

La vengeance de Zeus

Fou de colère, Zeus fait enchaîner Prométhée sur le mont Caucase. Chaque jour, un aigle vient dévorer son foie, qui repousse chaque nuit. Ce n'est que quelques siècles plus tard que, passant par là, Héraclès libèrera le malheureux.

Zeus s'en prend aux hommes

Le roi des dieux tient aussi à se venger des hommes. Il se rend chez Héphaïstos, dieu des artisans, et lui ordonne : « Prends de la terre, mêles-y de l'eau et façonne-la à l'image des déesses. » C'est

la gracieuse Pandore

maladies et souffrances accableront désormais les humains. Effrayée, Pandore referme vite le vase. Il n'y reste plus que l'espoir, qui fera supporter aux hommes tant de malheurs.

Pandore, entourée d'Aphrodite et d'Hermès, a été façonnée par Héphaïstos, le dieu des artisans (ci-contre).

La jarre de Pandore, contenant tous les malheurs des hommes, est aussi souvent encore appelée aujourd'hui « boîte de Pandore ».

ainsi qu'apparaît la première femme, née pour servir la vengeance de Zeus. Elle se nomme Pandore, « don de tous les dieux ». Aphrodite lui donne la grâce, Hermès la curiosité. Elle se rend sur terre, portant dans ses bras une jarre dont elle a promis de ne jamais regarder ce qu'elle renferme.

Que contient la jarre de Pandore ?

Quand Épiméthée, le frère de Prométhée, aperçoit la gracieuse Pandore, il tombe en admiration et l'épouse. Pandore, un jour, n'y tient plus de curiosité. Elle soulève un petit peu le couvercle de la jarre qui lui a été confiée. Aussitôt s'en échappent les maux que les dieux y ont cachés :

Le déluge

Les dieux ont créé les hommes pour qu'ils les adorent et s'occupent dans la paix. Mais les humains sont devenus méchants. Ce ne sont que guerres et violences. Ils ne croient même plus en leurs dieux ! Zeus décide de les punir.

Le déluge

Zeus réunit les dieux en assemblée. « Les hommes deviennent méchants, il faut les châtier. » Le dieu renonce à utiliser la foudre, de peur qu'elle détruise aussi le ciel. Sur son ordre, Poséidon convoque les mers, les fleuves, les nuages, et leur commande de se répandre sur la terre. Récoltes, bêtes, hommes, tout disparaît sous les eaux. Tout sauf un couple de justes, Deucalion et Pyrrha, qui a construit un bateau sur les conseils de Prométhée.

De nouveaux hommes

Après neuf jours de navigation, Deucalion et Pyrrha accostent au sommet de la seule terre émergée, le Parnasse. Ils implorent les dieux de les prendre en pitié. Zeus sait qu'ils sont bons. Il fait se retirer les eaux.
« Comment allons-nous recréer l'humanité ? » lui demande le pauvre couple.
« Voilez-vous la tête et jetez derrière vous les os de votre grande mère », leur est-il répondu. Mais que cela signifie-t-il ? Deucalion et Pyrrha se disent : « Notre mère, c'est la terre, et ses os, ce sont les pierres ! »
Ils jettent alors des pierres. Celles de Deucalion se transforment en hommes, celles de Pyrrha en femmes. Une nouvelle humanité est née.

Le talentueux Apollon

Léto et ses jumeaux, Artémis et Apollon.

Apollon est doué de mille talents : ce fils de Zeus, brillant comme le soleil, est le meilleur des musiciens et le plus beau des dieux. Il possède aussi le pouvoir de prédire l'avenir.

Fils de Zeus et de Léto

La jalouse Héra, apprend un jour que la déesse Léto attend un enfant de Zeus, son infidèle mari. Furieuse, elle ordonne à toutes les terres de refuser l'hospitalité à sa rivale. Léto erre donc pendant des mois, à la recherche d'un lieu où accoucher. Elle se réfugie enfin sur un îlot aride, qui deviendra Délos, l'une des plus fameuses îles grecques. Là, elle met au monde des jumeaux : Artémis et Apollon.

Apollon à Delphes

Apollon ne reste enfant que quelques jours. Grâce au nectar et à l'ambroisie, nourriture des dieux, il devient vite un beau jeune homme. Il joue si bien de la lyre qu'il deviendra le patron des musiciens.
Il se rend à Delphes, où il a décidé d'établir son sanctuaire : comme tous les dieux, il veut que les hommes le vénèrent et le nourrissent de leurs offrandes. Il abat le serpent Python, qui terrorise la région, et Delphes devient le plus fameux de ses sanctuaires. Le dieu y prédit l'avenir par la bouche d'une femme nommée la Pythie. Les hommes viennent de loin la consulter sur leur destin, comme Œdipe (p. 56).

Poséidon

Poséidon sur son char, avec son arme symbole, le trident. Avec Amphitrite, sa femme, ils ont un fils, Triton, dieu à corps d'homme et à queue de poisson. Delphinos le dauphin est l'ami fidèle de Poséidon.

Poséidon est le frère aîné de Zeus. Ses emblèmes, le cheval et le taureau, sont à son image, puissants et impulsifs. Il est le dieu de l'eau, en particulier de la mer, et le patron des pêcheurs. Il est très respecté dans ce pays entouré d'eau.

Un dieu très puissant

Comment ignorer celui qui commande la mer ? Celui qui peut lever la tempête dans un mouvement de colère ? Poséidon sait aussi ébranler le sol d'un coup de son trident et provoquer ainsi de terribles tremblements de terre.

Le rêve de Poséidon

Ce dieu des eaux voudrait être adoré dans une des grandes cités grecques. Mais les autres dieux l'emportent sur lui. Il désire la cité d'Argos ? Héra est choisie par les dieux-fleuves de la région. Il veut Athènes ? Le roi lui préfère la déesse Athéna. Pour se venger, il inonde l'Attique, la région d'Athènes. Il est cependant honoré dans de nombreuses cités côtières et, à Corinthe, des jeux publics sont organisés en son honneur.

Un mari infidèle

Poséidon a pour épouse Amphitrite, une divinité de la mer. Ensemble, ils ont un fils nommé Triton. Mais Poséidon n'est pas un mari fidèle. Il se change en cheval pour rattraper une belle jeune fille nommée Méduse, qu'il séduit dans un temple dédié à Athéna. « Comment osent-ils profaner ma maison ? » s'écrie Athéna. Folle de colère, elle change Méduse en un monstre hideux : (voir p. 55).

Héphaïstos et Aphrodite

Héphaïstos, maître du feu, est le seul dieu à être laid. Aphrodite, déesse de l'amour, est de loin la plus belle de l'Olympe. L'union de ces deux-là fait quelques étincelles…

Comment ce mariage a-t-il pu se faire ?

Héphaïstos est le fils de Zeus et de Héra. Sa mère, le trouvant trop laid, le jette en bas de l'Olympe. C'est pourquoi, dit-on, il est devenu boiteux. Recueilli par des nymphes, il est élevé dans une grotte sous-marine. Il y forge ses premiers chefs-d'œuvre, dont un trône magique en or, qu'il offre à sa mère. Heureuse d'un tel cadeau, Héra s'y assied, mais ne peut plus se relever. Seul Héphaïstos peut l'en délivrer ! Sa condition : obtenir la main d'Aphrodite. Et voilà comment ces deux êtres si différents se sont épousés.

Aphrodite est-elle fidèle ?

Non, elle va souvent retrouver Arès, fougueux dieu de la guerre. Héphaïstos fabrique un invisible et solide filet qu'il jette sur les deux amants. Puis il rassemble les Olympiens autour des coupables. Quelle punition vont-ils décréter ? Aucune : ils éclatent tous de rire. Vexés, Aphrodite et Arès s'exilent sur terre, loin de l'Olympe.

Qui est la plus belle ?

La déesse Discorde lance un jour au cours d'un banquet divin une pomme portant ces mots : « À la plus belle des déesses. » Héra, Athéna et Aphrodite veulent le fruit. Pâris le Troyen est chargé de les départager. Il choisit Aphrodite, qui lui a promis en retour l'amour d'une mortelle. Aphrodite est décrétée la plus belle des déesses.

Arès et Aphrodite

Hadès et le monde

Quand les trois frères Zeus, Poséidon et Hadès se sont partagé l'univers, Hadès a reçu les Enfers. Ni les hommes ni les dieux n'aiment ce lieu obscur où séjournent les âmes des morts. Rares sont ceux qui ont pu en revenir !

Où se trouvent les Enfers ?
Les Grecs les situent au-delà de l'océan, à l'ouest de la Terre, qu'ils imaginent plate. Puis ils découvrent que l'océan n'est sans doute pas la limite du monde des humains. Ils transportent alors le domaine des morts sous terre. Ses entrées sont de profondes cavernes et des fleuves qui coulent sous le sol.

Qui est Hadès ?
C'est le roi des Enfers. Son nom signifie « l'invisible », et il l'est grâce au casque magique que lui ont offert les Cyclopes. Les humains ont peur de prononcer son nom ; ils l'ont donc surnommé Pluton, ce qui signifie « le riche ». En effet, il est le maître des richesses qui viennent du sol : métaux et pousses printanières. Hadès ne sort presque jamais de son royaume. Une fois, blessé par une flèche d'Héraclès, il doit tout de même se rendre sur l'Olympe pour se faire soigner.

Qui est l'épouse d'Hadès ?
Hadès tombe un jour amoureux de sa nièce Coré, fille de Zeus et de Déméter. Il l'enlève et l'entraîne dans son domaine par une ouverture dans la terre. Déméter entend sa fille crier de terreur. Mais elle ne la trouve pas. Où est Coré ? Elle parcourt la terre à sa recherche, sans jamais la trouver. Désespérée, elle en oublie sa tâche de déesse des moissons : les champs ne produisent plus. Zeus doit y mettre bon ordre.
Il ordonne à Hadès de libérer sa prisonnière. Mais quiconque a goûté à la nourriture des Enfers doit y rester et Coré, prise par la faim, n'a pu résister. Hadès l'épouse et la rebaptise Perséphone.

L'été et l'hiver
Hadès et Zeus décident ensemble que, chaque année, Perséphone reviendra auprès de sa mère au printemps et en été ; alors, la végétation repoussera sur terre. Puis

souterrain des Enfers

elle retournera auprès d'Hadès, et ce sera l'hiver.

Qui habite les Enfers ?

Hadès et Perséphone sont entourés de sujets toujours plus nombreux, puisque l'âme de chaque mort doit se rendre aux Enfers. Cerbère, féroce chien à trois têtes, veille à ce que personne n'en sorte. C'est Hermès, messager des dieux, qui mène les nouveaux venus jusqu'au monde souterrain. Le passeur Charon, un vieillard grincheux, leur fait franchir l'un des fleuves infernaux, le Styx ou l'Achéron, selon les traditions. D'autres créatures divines, comme Hécate, une redoutable magicienne, y sont aussi présentes.

Que font les âmes ?

Selon les récits les plus anciens, toutes les âmes, légères, errent dans les Enfers. Elles sont marquées d'un éternel regret pour leur vie terrestre. Plus tard, les Grecs imaginent des destins différents pour les bons et pour les méchants. Les assassins et ceux qui ont bravé les dieux vont au Tartare, tout au fond des Enfers, et y subissent un supplice sans fin. Les âmes des justes se rendent aux Champs-Élysées pour festoyer et chanter la gloire des dieux.

Deux célèbres damnés

Tantale et Sisyphe sont de ceux qui ont osé s'élever contre les dieux. Après leur mort, ils sont donc condamnés à des peines éternelles dans le Tartare. Sisyphe doit rouler un lourd rocher vers le sommet d'une montagne. Chaque fois qu'il est sur le point d'y parvenir, le rocher lui échappe et retombe (voir p. 52). Il recommence sans fin le même travail impossible à accomplir. Le corps de Tantale est plongé dans un lac. Seule sa tête en émerge.

Il souffre pourtant d'une soif terrible, mais, chaque fois qu'il se penche pour boire, le niveau de l'eau baisse. Il a faim aussi mais, dès qu'il tend la main pour saisir les fruits qui se balancent à sa portée, une bourrasque de vent divin les rend inaccessibles.

Orphée et Eurydice

Rares sont les vivants qui ont pu pénétrer aux Enfers et en ressortir. Plus rares encore sont les morts qui ont pu s'en échapper. Le demi-dieu Orphée a réussi le premier exploit, mais il n'a pas pu sauver son épouse, Eurydice. Orphée a le don de séduire de sa lyre tous ceux qui l'entendent : animaux, végétation, hommes et dieux. Il porte un amour sans fin à Eurydice mais leur bonheur est de courte durée : Eurydice, meurt, mordue par un serpent, et descend aux Enfers. Inconsolable, Orphée reste seul sur terre. Il part alors vers le royaume de Hadès pour réclamer sa femme. Sa peine et sa musique touchent le passeur Charon, Cerbère et même Hadès. « Tu peux ramener Eurydice sur terre, à condition de ne pas te retourner vers elle en chemin », déclare le dieu des Enfers. La permission est inespérée, mais Orphée est impatient. Il regarde derrière lui pour apercevoir sa bien-aimée, qui disparaît à jamais.

Sysiphe (à gauche) et Tantale (à droite) sont envoyés dans une région des Enfers appelée Tartare. C'est là que sont punis ceux qui ont osé s'élever contre les dieux durant leur vie. Leur châtiment sera éternel.

Le demi-dieu Orphée tente de sauver des Enfers son épouse, Eurydice. Il est l'un des rares vivants à être parvenu à revenir de ces lieux obscurs.

Thésée et le Minotaure

Thésée, met sa force au service des hommes, tuant bêtes féroces et bandits sanguinaires. Il parvient à vaincre le Minotaure, monstre qui dévore les jeunes gens d'Athènes.

L'enfance de Thésée

Thésée est le fils d'Égée, roi d'Athènes. Il grandit loin de sa cité, au côté de sa mère, la princesse Æthra. Égée a caché derrière un rocher une épée et des sandales. « Quand il pourra déplacer seul ce roc, tu lui révéleras qui est son père ! » commande-t-il à Æthra.

À 16 ans, Thésée est assez fort pour réaliser cet exploit. Il prend épée et sandales et part rejoindre son père, bravant tous les dangers de la route. À Athènes, Égée reconnaît Thésée comme son fils grâce à son épée.

Voyage en Crète

Régulièrement, Athènes doit livrer à la Crète sept jeunes filles et sept jeunes hommes qui seront dévorés par le Minotaure, monstre mi-homme mi-taureau. Thésée part avec eux. Mais comment ressortira-t-il du labyrinthe où vit la bête ? Ariane, fille du roi de Crète, lui offre un fil grâce auquel le héros retrouvera son chemin. Thésée découvre le Minotaure endormi. Il le tue à mains nues et se sauve en suivant le fil jusqu'à la sortie.

Un retour dramatique

Thésée enlève Ariane et fait voile vers la Grèce, mais il doit laisser la princesse en chemin, peut-être sur ordre de Poséidon. Attristé, il en oublie de hisser une voile blanche en signe de succès, comme son père le lui avait demandé. Voyant de loin la voile noire, Égée croit que son fils a péri. De désespoir, il se précipite dans la mer, qui porte désormais son nom (voir la carte p. 36).

Persée et la mon

Danaé et Persée recueillis par Polydectès.

Persée, invisible, s'en va combattre Méduse. Il découvre les êtres qu'elle a pétrifiés de son regard.

Toute sa vie, le demi-dieu Persée a volé d'exploit en exploit. Il est fort et courageux, mais surtout il est protégé des dieux. Sans eux, il n'aurait pas pu vaincre un monstre tel que Méduse, la terrible Gorgone.

La naissance de Persée

Acrisios, roi d'Argos, va un jour consulter un oracle qui lui a dit : « Si tu as un petit-fils, il te tuera ». Acrisios, terrifié, fait construire une prison sous terre pour y enfermer sa fille unique, Danaé. « Ainsi, elle n'aura jamais d'enfants », se dit-il. Mais Zeus, depuis l'Olympe, a remarqué la beauté de Danaé. Il se transforme en pluie d'or et pénètre ainsi dans la prison par une fente du toit. Quelques mois plus tard, un enfant naît de l'union de Zeus et de Danaé : Persée. Acrisios, en rage, enferme Danaé et l'enfant dans un coffre de bois qu'il fait jeter à la mer. Mais les dieux ont décidé que ces deux-là vivraient. Le coffre s'échoue sur une île. Ils sont recueillis par le roi de cette terre : Polydectès.

Un roi violent

Dès que Polydectès la voit, il devient fou amoureux de la belle Danaé. Mais elle refuse ses avances et Persée, devenu adulte, la protège. Polydectès cherche pourtant à écarter Persée en l'envoyant combattre la terrible Gorgone, Méduse.

À quoi ressemble Méduse ?

Elle est effrayante, ses cheveux sont des serpents vivants, elle a des dents de sanglier et des ailes dans le dos. Méduse a deux sœurs aussi laides qu'elle qui sont immortelles. On les appelle toutes les trois les Gorgones. Quiconque croise leur regard est transformé en pierre.

Le meurtre de Méduse

Les dieux donnent à Persée des sandales ailées, Hadès son casque qui rend invisible et Athéna son bouclier. Persée s'envole

rueuse Gorgone

donc à la recherche de Méduse. Au-dessous de lui défilent les silhouettes pétrifiées des victimes des Gorgones. Invisible, il survole Méduse endormie. En faisant bien attention de ne regarder que le reflet du monstre dans le bouclier d'Athéna (pour ne pas devenir pierre), il lui tranche la tête d'un coup de serpe et l'emporte avec lui.

De la blessure jaillit Pégase, le cheval ailé fils de Méduse et de Poséidon.

Une arme invincible

Longtemps, Persée survole la Terre. Il se sert de la tête de la Gorgone et de son regard pour transformer en pierre le géant Atlas, qui refuse de lui accorder l'hospitalité (ils donnent ainsi naissance au mont Atlas, en Afrique du Nord).

Persée se sert du bouclier d'Athéna comme d'un miroir dans lequel il peut regarder Méduse sans risquer d'être transformé en pierre pour toujours.

Il se venge ensuite de Polydectès, qu'il pétrifie.

La prédiction

Persée souhaite connaître son grand-père, Acrisios. Celui-ci s'est enfui, puisque son petit-fils est destiné à le tuer. Mais sans le savoir, un jour, ils se rendent tous les deux aux jeux publics. Persée, lors d'une épreuve, lance le disque et tue par accident un spectateur : Acrisios. La prédiction s'est accomplie. Après sa mort, Persée est transformé par les dieux en une constellation.

Aux jeux publics, alors que Persée lance le disque, il tue son grand-père sans le savoir et accomplit ainsi la prédiction.

Le tragique

Œdipe se rend à Delphes pour consulter l'oracle.

Le dieux voient tout : passé, présent et avenir. Les oracles, qui savent lire les signes envoyés par les dieux, font part aux hommes du destin qui les attend. Certains, comme Œdipe, tentent en vain d'échapper à la volonté divine.

Une sombre prédiction

Laïos et Jocaste, roi et reine de Thèbes, n'ont pas d'enfants. Ils vont consulter un oracle qui leur annonce : « Si vous avez un fils, il tuera son père et épousera sa mère. » Un enfant naît. Tout de suite, la reine l'abandonne pour empêcher la prédiction de se réaliser. Avant, elle lui attache les pieds en lui perçant les chevilles. Des bergers découvrent l'enfant abandonné, le soignent puis l'amènent au roi de Corinthe, Polybos, qui n'a pas d'héritier. Celui-ci est enchanté et le nomme Œdipe (« pied enflé »).

Quelle est la vérité ?

Œdipe grandit auprès de Polybos et de sa femme, qu'il croit être ses vrais parents. Il les aime tendrement. Mais, un jour, un homme ivre lui lance : « Tu es un enfant adopté !» Œdipe ne sait quoi en penser. Il se rend donc à Delphes pour y consulter l'oracle. « Tu tueras ton père et tu épouseras ta mère » est sa seule réponse.

Comment échapper à ce terrible destin ?

Œdipe ne voit qu'une solution : fuir Corinthe, où vivent ceux qu'il considère comme ses parents.
En quittant Delphes, Œdipe croise sur un étroit chemin l'équipage d'un vieil homme. Tous deux veulent passer alors qu'il n'y a pas la place. Le vieillard frappe Œdipe, qui ne contrôle pas sa colère et le tue. Sans le savoir, il vient d'assassiner son père...

L'énigme du Sphinx

À l'entrée de Thèbes, Œdipe est arrêté par le Sphinx, qui fait des ravages dans la région. Cet être terrible, mi-femme mi-lion, pose une énigme à tous les

destin d'Œdipe

Jocaste n'imagine pas qu'elle épouse son fils.

voyageurs. S'ils ne savent pas répondre, il les dévore. Jusque-là, personne n'a trouvé la bonne réponse ! « Quel est l'animal qui marche à quatre pattes le matin, à deux le midi, et à trois le soir ? » Œdipe répond sans hésiter : « C'est l'homme : enfant, il rampe à quatre pattes, adulte, il marche sur ses deux jambes, et âgé, il utilise une canne. » De rage, le Sphinx se jette dans un ravin.

Œdipe roi

Œdipe a libéré Thèbes de la terreur ! Le roi, Laïos, vient justement d'être assassiné. La cité offre la main de sa reine à celui qui a sauvé la ville du Sphinx. Œdipe devient donc l'époux de sa mère sans le savoir. Jocaste et Œdipe vivent heureux et ont même deux fils et deux filles. Mais, un jour, la peste s'abat sur Thèbes. Œdipe consulte l'oracle, qui lui conseille de punir l'assassin de Laïos pour que les dieux soient apaisés.

Qui a tué Laïos ?

À cette question, le devin de Thèbes reste muet, avant de révéler enfin à Œdipe qu'il est le propre meurtrier de Laïos. Au même moment, il apprend qu'il était en effet le fils adoptif de Polybos, qui vient de mourir.

Le destin s'est accompli

Dès lors, Jocaste comprend qu'elle a épousé son fils et que la prédiction s'est réalisée. Elle se tue. Œdipe, ne pouvant supporter de voir la vérité, se crève les yeux et s'exile loin de la cité, accompagné et guidé par sa fille Antigone.
Ce mythe est une façon pour les Grecs de montrer que les hommes ne peuvent échapper à leur destin.

Jason et l'aventure

Les Argonautes s'embarquent auprès de Jason sur l'Argo.

Jason est fils de roi. Il n'a qu'un but : chasser son oncle du trône que celui-ci a pris de force. Ses aventures le mènent sur toutes les rives de la Méditerranée et de la mer Noire.

Qui est Jason ?

C'est le fils d'Éson, le roi d'une petite cité du Péloponnèse, Iolchos. Jason grandit à l'écart de la cité depuis que son oncle Pélias a pris le pouvoir.
À l'âge de seize ans, il veut rendre le trône à son père et part pour Iolchos. En route, il perd une de ses sandales. Quand il le voit arriver, Pélias prend peur : on lui a prédit qu'un homme avec une seule sandale provoquerait sa fin.

Vers la Toison d'or

Jason est décidé et courageux. Il réclame le trône à son oncle. Pélias se méfie. « Il sera à toi si tu me rapportes la Toison d'or. »
Il sait bien que c'est presque impossible. Cette toison, celle d'un bélier magique, se trouve très loin, de l'autre côté de la mer Noire. Jason ne se décourage pas et prépare son voyage. Il s'embarque sur un bateau nommé *Argo* (dont Athéna a guidé la construction) et s'entoure de fameux héros comme Héraclès, Orphée, Thésée... On les appelle les Argonautes.

Une navigation difficile

Les Argonautes rencontrent de nombreux obstacles.
Un jour, ils délivrent un devin aveugle des Harpies, qui dévorent chaque jour sa nourriture. En récompense, le devin leur révèle comment passer entre deux rocs qui s'entrechoquent et écrasent les bateaux à

de la Toison d'or

Sur les conseils de Médée, Jason jette un roc au milieu des guerriers surgis de la terre. Sans comprendre d'où vient le coup, ceux-ci s'entretuent (dessin de gauche).

l'entrée de la mer Noire. « Lâchez une colombe. Si elle franchit l'obstacle, votre navire le franchira aussi. » La colombe perd une plume de sa queue et passe de justesse. Les Argonautes se lancent à leur tour : seul l'arrière de l'*Argo* est touché. Depuis lors, les deux rochers sont immobiles.

La magie de Médée

Les Argonautes arrivent en Colchide, où se trouve la Toison d'or. Jason la réclame au roi Æétès. Celui-ci lui répond :« Attelle mes deux taureaux divins à une charrue, sème ces dents de dragon dans la terre et combats les guerriers qui en naîtront. Alors, je te la donnerai. » Heureusement, Médée la magicienne, fille d'Æétès, est tombée sous le charme du bel étranger. Elle lui offre un baume qui rend invincible ! Il peut affronter les taureaux et vaincre les guerriers nés de la Terre.

Une épreuve de plus

Jason a réussi les exploits exigés. Mais le roi, refuse de tenir parole et annonce à Jason qu'il doit aller chercher lui-même la toison. Médée vient encore au secours de Jason et endort le terrible dragon qui garde la toison jour et nuit. Jason parvient à s'en emparer.

Retour au pays

Après un long voyage, ils arrivent à Iolchos, où Pélias, ayant tué le père de Jason, est toujours roi. Il n'avait donc jamais eu l'intention de rendre le trône. Médée emploie une nouvelle ruse qui entraîne la mort de Pélias. Jason devient enfin roi de Iolchos.

Les douze trav

Sa force physique est légendaire : serpents monstrueux, géants, taureaux furieux, rien ni personne ne lui résiste. Ce demi-dieu est aussi le défenseur des hommes : partout où il passe, il extermine les créatures qui les terrorisent.

Maudit par Héra

Héraclès (Hercule pour les Romains) a d'illustres parents. Alcmène, sa mère, descend du héros Persée, et son père, Zeus, est le roi des dieux. Zeus a réussi à séduire la belle mortelle Alcmène, qui attend un enfant de lui. Il déclare aux dieux : « Le prochain descendant de Persée aura un grand pouvoir sur les hommes. » Héra, l'épouse de Zeus, devine que celui-ci l'a encore trompée. Elle s'arrange pour faire naître un autre descendant de Persée avant Héraclès : c'est son cousin Eurysthée, qui bénéficie de la prédiction de Zeus. Ainsi, Héraclès sera toute sa vie sous la domination d'Eurysthée.

Héros dès le berceau

Héraclès est encore un bébé quand Héra envoie deux serpents chargés de le tuer vers son berceau. Son frère, fils d'Alcmène et d'Amphitryon, hurle de terreur. Héraclès, lui, saisit les monstres et les étrangle sans pousser un seul cri.

Qui lui ordonne les douze travaux ?

Une fois adulte, Héraclès s'est marié. Un jour, Héra le frappe de folie : il tue sa femme et ses enfants. Terrifié par son propre geste, il demande à l'oracle de Delphes comment laver son crime et apprend qu'il doit se mettre au service de son cousin Eurysthée, qui lui

aux d'Héraclès

Héraclès combat l'hydre de Lerne, le terrifiant serpent à neuf têtes (à gauche). Le héros a l'idée de détourner deux fleuves de leurs cours pour nettoyer les écuries d'Augias, sa sixième épreuve (à droite).

impose douze travaux surhumains.

Le lion de Némée

Pour commencer, Héraclès doit rapporter à Eurysthée la fourrure d'un lion qu'aucune arme ne peut blesser. Comment le tuer ? Héraclès essaie sans succès ses flèches sur le monstre. Il l'emprisonne alors dans sa caverne, l'assomme d'un violent coup de gourdin et l'étrangle de ses mains. Puis, il s'arme des griffes du lion lui-même pour le dépecer et revêt sa peau. Le voici indestructible grâce à sa fourrure magique.

Anéantir l'hydre de Lerne

Le deuxième des travaux n'est pas plus facile. Héraclès doit abattre l'hydre, serpent à neuf têtes qui décime le bétail et tue de son seul souffle quiconque s'approche de son marais, à Lerne, dans le Péloponnèse. Héraclès coupe quelques têtes du monstre, mais elles repoussent sans cesse ! Son neveu Iolaos, venu combattre avec lui, brûle les blessures de l'hydre, tandis qu'Héraclès arrive à bout de la seule tête immortelle.

Les écuries d'Augias

Héraclès capture ensuite le sanglier d'Érymanthe, qui dévaste les récoltes ; il capture la biche aux cornes d'or du mont Cérynée puis extermine les oiseaux du lac Stymphale, qui, de leur bec en fer, mangent de la chair humaine. Le sixième de ses travaux consiste à nettoyer les écuries du roi Augias, dont les superbes bêtes vivent dans le fumier infect

Héraclès doit affronter le taureau de Crète rendu fou plusieurs jours durant avant de réussir l'exploit de le dompter.

Lors de sa neuvième épreuve, Héraclès est amené à affronter les Amazones, des cavalières qui ne craignent pas le combat.

qui se répand partout peu à peu. « Si j'y parviens en un jour, donne-moi un dixième de ton troupeau », demande Héraclès.
Le roi ayant promis, le héros détourne grâce à sa force surhumaine le cours de deux fleuves. Les eaux s'engouffrent alors dans les écuries et nettoient tout sur leur passage. En une journée, les écuries sont rendues plus propres que jamais ! Mais le roi, devant le travail accompli, ne tient pas parole. Héraclès le lui fait payer de sa vie.

Le taureau de Crète

Le dieu Poséidon a fait don au roi de Crète d'un superbe taureau, pensant qu'il lui serait offert en sacrifice. Mais le roi Minos n'en fait rien. Pour le punir, le dieu rend fou le puissant animal, qui ravage l'île et terrorise ses habitants. Héraclès se rend auprès de ce taureau et l'affronte durant plusieurs jours avant de parvenir à le dompter. Une fois l'animal maîtrisé, Héraclès traverse la mer sur son dos.

D'exploit en exploit

Les années passent et les épreuves se succèdent. Au cours de sa huitième mission, Héraclès tue les juments de Diomède, des chevaux que leur maître nourrit de chair humaine. Il doit ensuite, lors de la neuvième épreuve, dérober la ceinture magique d'Hippolyte, la reine des Amazones, et se heurte à toute son armée de femmes guerrières qui n'ont peur de rien. Puis Héraclès s'empare des bœufs de Géryon, un géant à trois corps et trois têtes, et le tue. Sa onzième épreuve le mène au jardin des Hespérides, dont il dérobe les pommes d'or que la Terre-Mère a autrefois offertes à Héra.

Cerbère, chien des Enfers

Eurysthée se désespère : jamais il n'arrivera à se débarrasser d'Héraclès ! Il tente un douzième et dernier essai : il commande au héros de lui ramener

Cerbère, le chien à trois têtes qui garde l'entrée des Enfers. Mission impossible, puisque aucun humain ne peut sortir vivant de ce monde souterrain ! Mais Héraclès triomphe encore et ramène à Eurysthée Cerbère, qu'il a à demi étranglé de ses mains, avant de le renvoyer garder le royaume des ombres.

La fin du héros

Héraclès en a fini avec ses travaux. Sa vie reste pourtant, jusqu'à la fin une succession de combats et d'épreuves dangereuses. Il épouse la princesse Déjanire, et au cours d'un voyage, tous deux doivent traverser une rivière en crue. Déjanire passe sur le dos du centaure Nessos, qui en profite pour tenter de l'enlever. Héraclès décoche alors une flèche mortelle au centaure, mais, avant de mourir, Nessos murmure à la belle : « Recueille un peu de mon sang. Si tu en imprègnes les vêtements de ton mari, tu conserveras toujours son amour. » Les années passent. Héraclès s'éprend d'une autre femme. Jalouse, Déjanire utilise alors le sang magique ! Horreur, le héros est pris de terribles douleurs ! C'était un piège... Il tente d'arracher le vêtement empoisonné du sang de Nessos mais sa chair s'arrache en même temps. Déjanire se tue de désespoir. Héraclès construit un grand bûcher sur lequel il se fait brûler pour mettre fin à ses intolérables souffrances. Il est le seul héros à être reçu auprès des dieux sur le mont Olympe et à connaître l'immortalité !

De ses puissantes mains, Héraclès parvient à étrangler Cerbère, le chien à trois têtes, gardien des Enfers.

Malgré tous ses exploits, Héraclès décide de se donner la mort par le feu. Il reste le héros le plus célèbre de la mythologie grecque.

Ulysse est l'un des héros grecs les plus populaires de l'Antiquité. Il est courageux, mais aussi rusé et intelligent. Ses exploits durant la guerre de Troie sont contés par le poète Homère dans la longue épopée de l'Iliade et son retour en Grèce dans l'Odyssée.

Quelle est l'origine de la guerre de Troie ?
Aphrodite a promis au Troyen Pâris l'amour de la belle Hélène, qui est la femme du roi grec Ménélas. Pâris enlève donc la jeune femme. Les Grecs sont furieux. Comme tous les anciens prétendants d'Hélène ont juré de lui porter secours en cas de danger, ils forment une armée et partent faire le siège de la cité de Troie pour ramener la belle en Grèce. Ulysse est l'un d'eux et, bien qu'il ait longtemps hésité à laisser seuls sa femme Pénélope et son fils Télémaque, il embarque.

Le cheval de Troie
Les Grecs partent en bateau jusqu'à Troie, sur la côte de l'Asie (voir p. 36), et organisent le siège de la cité. Mais les Troyens ne veulent pas se rendre, et la guerre va durer dix ans. Elle est autant l'affaire des dieux que celle des mortels : Héra et Athéna défendent les Grecs ; Aphrodite, les Troyens. C'est Ulysse, inspiré par Athéna, qui imagine la ruse décisive : il fait construire un immense cheval de bois dans lequel il se cache avec quelques guerriers grecs, tandis que les autres font semblant d'abandonner le siège. Les Troyens, intrigués, font entrer le cheval dans leur cité. La nuit venue, Ulysse en sort le premier, suivi de ses compagnons. Ils ouvrent alors les portes de Troie au reste de l'armée grecque qui prend la ville et libère Hélène.

aventures d'Ulysse

Les soldats grecs, retenus prisonniers par le cyclope Polyphème, parviennent à s'échapper de la grotte grâce à une ruse d'Ulysse.

Un retour éprouvant

Après cette victoire difficile, les Grecs peuvent enfin rentrer chez eux. Ulysse souhaite revenir au plus vite dans son royaume, sur l'île d'Ithaque, où l'attendent sa femme et son fils depuis dix ans déjà. Malheureusement, les dieux outragés envoient tempête sur tempête à ces guerriers, qui, en pillant Troie, les ont offensés.

L'île des cyclopes

Ulysse arrive un jour sur une île inconnue qu'il part explorer avec ses compagnons. Ils découvrent une grotte habitée et s'installent pour attendre son propriétaire. Quand celui-ci revient, ils sont terrorisés ! C'est un cyclope, géant à l'œil unique ! Ce monstre s'appelle Polyphème, il est berger. Dès que ses moutons sont rentrés, il bouche alors l'ouverture de la grotte avec un énorme rocher et aperçoit les Grecs. Il en dévore deux tout de suite, puis deux autres pendant la nuit. Ulysse doit sauver ceux qui restent : il verse tant de vin au géant que le cyclope devient ivre. Ulysse en profite pour lui enfoncer un pieu dans l'œil et les Grecs réussissent à s'enfuir accrochés au ventre des moutons quand le géant les fait sortir.

Ulysse chez Circé la magicienne

Avec cette aventure, Ulysse s'est attiré la colère du dieu de la mer Poséidon, le père de Polyphème. Le dieu déchaîne les flots, qui mènent Ulysse auprès de la magicienne Circé. Elle invite les Grecs chez elle, leur offre une boisson qui donne l'oubli puis les transforme en porcs. Ulysse, prévenu par un de ses compagnons, oblige Circé à redonner à ses amis leur forme humaine.

Pour ne pas succomber au chant des sirènes, qui entraîne les marins au fond de la mer, Ulysse a l'idée de se faire attacher au mât de son bateau.

C'est par l'intelligence qu'Ulysse parvient à se sauver de tous les dangers qu'il rencontre.

Le chant des sirènes

Les Grecs passent bientôt près de l'île des sirènes, des créatures à tête de femme et à corps d'oiseau qui chantent pour attirer les marins dans la mer et les dévorer ensuite. Ulysse bouche les oreilles des rameurs avec de la cire et leur demande de l'attacher au mât du bateau. Grâce à ce stratagème, il a le privilège d'entendre le chant des sirènes sans en mourir !

Enfin Ithaque !

Seul, épuisé, Ulysse aborde enfin les rivages de son île. Sa femme, Pénélope, l'a attendu pendant vingt ans ! À tous ceux qui ont tenté de la séduire, elle répondait : « Je choisirai un nouveau mari lorsque j'aurai terminé de tisser ce linceul. » Et, chaque nuit, elle défaisait ce qu'elle avait tissé le jour, pour que l'ouvrage ne soit jamais fini. Sa patience est récompensée lorsqu'elle voit revenir son mari sain et sauf.

Ulysse, de retour chez lui, à Ithaque, retrouve enfin sa femme Pénélope et son fils Télémaque, après vingt ans d'absence au cours desquels il a connu de multiples aventures.

Chez les Romains

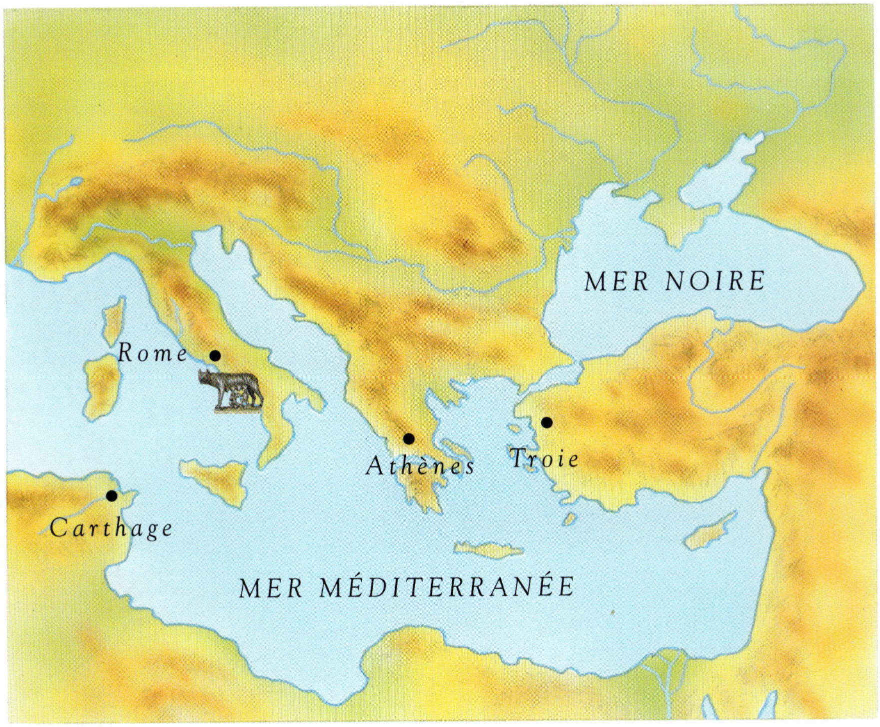

Les Romains s'attachent à respecter leurs dieux pour s'éviter malheurs et maladies. Ils veulent aussi prouver que, s'ils dominent le monde, c'est parce qu'ils descendent des dieux.

Les dieux des débuts

Depuis les débuts de leur civilisation, les Romains adorent de nombreuses divinités. Leur histoire importe peu, on les respecte avant tout pour leur fonction, car elles sont là pour protéger les Romains à chaque instant de leur vie. Plusieurs divinités concernent les enfants : Carmenta décide de leur destin, Potina leur apprend à boire, Educa à manger... Certains dieux symbolisent des qualités morales. Ainsi, Fides est la déesse de la parole donnée, Honos, le dieu de l'honneur. Ils peuvent aussi veiller sur les lieux de vie, tel Janus, qui est le dieu des entrées et sorties des villes et des maisons, des ports et des voies de communication. D'autres divinités ont un rapport étroit avec la nature : Flora est la déesse des fleurs, Pomone celle des fruits, Sylvain le dieu des forêts.

Les dieux empruntés

L'Empire romain s'étend, et désormais, s'y côtoient des peuples aussi différents que les Celtes, les Grecs, les Égyptiens, chacun avec ses propres dieux. Les Romains ont toujours admiré la civilisation grecque. À partir du VIe siècle av. J.-C., ils commencent à assimiler leur Jupiter au dieu grec Zeus, leur Vénus à la belle Aphrodite... Au fil du temps, ils leur ajoutent certains dieux des peuples qu'ils conquièrent, comme Isis, la déesse égyptienne.

Le dieu Janus, doté de deux têtes, car il surveille toutes les entrées et sorties.

Des divinités

Un sacrifice public se prépare…

Les Romains veulent que leurs dieux les protègent en toutes circonstances. Ils s'appliquent donc à les satisfaire par des cultes réguliers. Les uns sont publics et ont lieu dans la cité, les autres ont pour cadre la maison et pour « prêtre » le père de famille.

Les cultes domestiques

Chaque demeure adore ses dieux domestiques : des pénates, dieux du garde-manger, et un lare, esprit protecteur de la maisonnée. On dépose les offrandes, fleurs et gâteaux de miel, sur un petit autel. Chaque homme est accompagné durant toute sa vie par un génie protecteur, représenté souvent sous la forme d'un serpent.

Dans la cité

Les principaux dieux ont, dans les cités, leurs temples, leurs prêtres et leurs fêtes. Vesta, grande déesse du foyer, est tout particulièrement honorée à Rome, comme si cette cité était une vaste maison à protéger. Le feu est son symbole. Les vestales, jeunes filles chargées du culte de Vesta (ci-dessous),

très respectées

Divinité romaine	*Divinité grecque*	*Principale fonction*
Saturne	Cronos	} Parents des Olympiens
Cybèle	Rhéa	
Jupiter	Zeus	Roi des dieux, dieu du Ciel
Junon	Héra	Épouse de Jupiter
Bacchus	Dionysos	Dieu du vin et de l'ivresse
Apollon	Apollon	Dieu du Soleil et de la musique
Diane	Artémis	Déesse de la chasse
Neptune	Poséidon	Dieu de l'eau, de la mer
Vulcain	Héphaïstos	Dieu du feu et de la forge
Vénus	Aphrodite	Déesse de l'amour
Mars	Arès	Dieu de la guerre
Minerve	Athéna	Déesse de la guerre, des cités, de l'artisanat
Pluton	Hadès	Dieu des Enfers
Cérès	Déméter	Déesse des moissons
Proserpine	Perséphone	Déesse des Enfers
Mercure	Hermès	Messager des dieux
Les Parques	Les Moires	Décident du destin de chaque homme

veillent à ce que le feu sacré ne s'éteigne jamais.
Pour que chacun mange à sa faim, la terre doit être fertile. C'est pourquoi, on donne de nombreuses fêtes en l'honneur des dieux agricoles : en mars a lieu la fête du printemps dédiée à Bacchus, en mai celle dédiée à Flora afin que les récoltes à venir soient abondantes. Lors de la fête de mai, des jeux, des représentations théâtrales et une chasse sont organisés...

Les empereurs étaient-ils considérés comme des dieux ?

Dès le début de leur histoire, les Romains ont adoré comme des dieux certains grands personnages. Romulus, fondateur de Rome, a ainsi été divinisé sous le nom de Quirinus. Plus tard, sous l'Empire, quelques empereurs ont même été adorés à l'égal des dieux durant leur règne, comme l'empereur Auguste par exemple.

Le tableau ci-contre montre que de nombreux dieux romains sont empruntés à la mythologie grecque. Seuls leurs noms ont changé.

Flora est très respectée, car elle veille sur la floraison des champs et des jardins, ainsi que sur la bonne pousse de la vigne. Des fêtes lui sont consacrées au printemps afin que les récoltes futures soient abondantes.

L'histoire d'Énée

Énée quitte Troie, accompagné de son père Anchise et de son fils Ascagne, pour fonder une nouvelle cité.

Après la fameuse guerre de Troie, (voir p. 64) les Grecs sont rentrés chez eux. Mais que sont devenus les héros troyens ? Énée, l'un des plus valeureux, a pu fuir sa ville en flammes. Il gagne l'Italie, où les dieux lui ont ordonné de fonder une nouvelle Troie.

Qui est Énée ?

Il est le fils de la déesse Vénus et d'Anchise, le plus beau des mortels. Sa mère et Neptune, le dieu de la mer, l'ont protégé tout au long des combats qui ont opposé les Grecs et les Troyens.
Au cours de la nuit où Troie est détruite et ravagée, alors que ses habitants sont massacrés, Énée parvient à fuir : son père sur le dos, son fils Ascagne dans les bras, il emporte les dieux de sa cité et rassemble les survivants sur le mont Ida. Ensemble, ils construisent vingt bateaux.

L'amour de Didon

Énée s'embarque pour fonder une cité qui sera aussi brillante que Troie l'a été. Au cours du voyage, très épuisant, son père meurt. Énée fait une halte à Carthage, en Afrique du Nord. La reine Didon éprouve tout de suite pour lui un amour passionné. Elle tente de le retenir auprès d'elle, mais Jupiter, le dieu du ciel, en a décidé autrement. Il presse le héros de reprendre sa route. Didon est désespérée : elle maudit Énée et sa race avant de s'immoler par le feu. Pour les Romains, cet épisode de la vie d'Énée explique les nombreuses guerres entre Rome et Carthage.

Énée aux Enfers

Le héros arrive enfin en Italie. Il descend aux Enfers, où son père lui révèle le brillant destin de sa descendance. En effet, son fils Ascagne fondera la ville d'Albe. Il sera l'ancêtre de Romulus et Remus, fondateurs de Rome.

Remus et Romulus

Les jumeaux, orphelins, sont allaités par une louve (à gauche). Romulus, désigné par les dieux, trace le sillon sacré qui délimitera la ville de Rome (à droite).

Selon la légende, ils sont les fondateurs de Rome. Frères jumeaux, frères ennemis, ils donnent à la ville son origine divine, mais l'un des deux en mourra.

Qui sont leurs parents ?

Ce sont le dieu Mars et Rhea Silvia, héritière du trône de la ville d'Albe. Pour régner sur Albe, le traître Amulius a fait jeter son frère Numitor en prison et a forcé sa nièce Rhea Silvia à devenir vestale, ce qui lui interdit d'avoir des enfants. Mais, séduite par Mars, elle donne bientôt naissance à des jumeaux : Remus et Romulus.

Abandonnés

Amulius fait alors tuer Rhea Silvia et place les bébés dans un panier d'osier qu'il jette dans le fleuve Tibre. Le panier finit par s'échouer au pied des collines de la future ville de Rome. Une louve, envoyée par le dieu Mars, vient allaiter les enfants avant qu'un berger ne les découvre et décide de les élever.

La fondation de Rome

Devenus grands, Romulus et Remus apprennent leur illustre origine. Ils rétablissent sur le trône d'Albe leur grand-père Numitor, roi légitime, et décident de fonder une ville à l'endroit où la louve les a trouvés. Mais bientôt une querelle les sépare : lequel des deux sera le roi ? Romulus est désigné par un signe divin, mais Remus, par défi, franchit le sillon sacré que Romulus trace à la charrue pour délimiter la future ville. Romulus tue son frère et fonde la très célèbre Rome.

Chez les Celtes

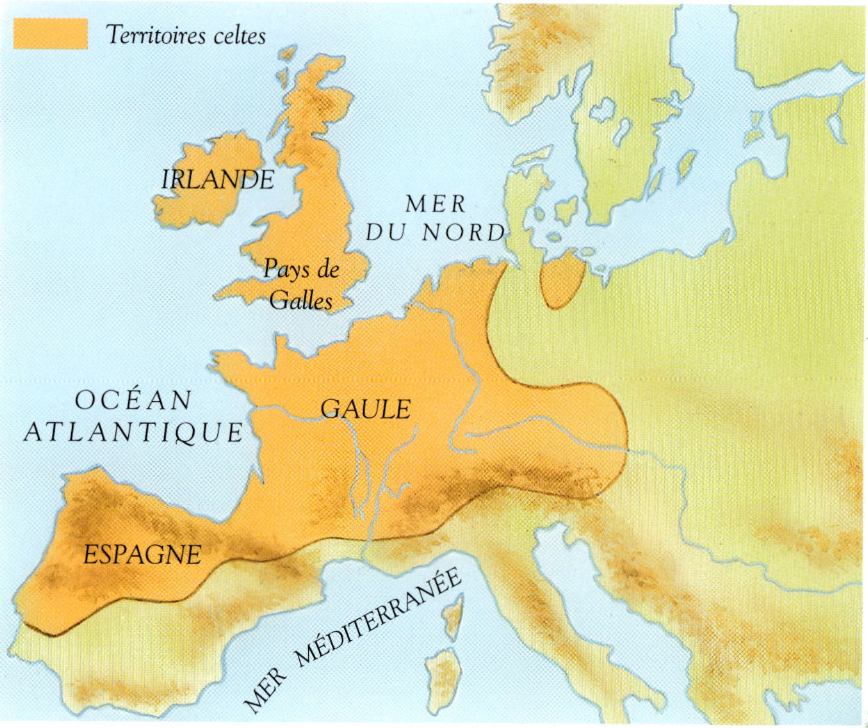

Les Celtes furent présents dans une grande partie de l'Europe, depuis l'Est jusqu'à l'extrême Ouest, comme en Irlande.

Les Celtes ont peuplé leur monde de magie et de dieux, que ce soit en Irlande, au pays de Galles ou en Gaule, avant que ne s'impose la religion chrétienne.

Un univers de magie

Les peuples celtes sont très éparpillés à travers l'Europe. Selon la région où ils vivent, ils ne croient pas aux mêmes légendes mais partagent une langue et des coutumes très proches. Leurs prêtres sont des druides, qui pratiquent la magie et prédisent l'avenir près des arbres sacrés que sont les chênes. Les héros celtes sont de courageux guerriers avides de gloire.

Les sources

Avant de devenir chrétiens, les Celtes n'ont laissé aucun écrit. Nous n'avons donc que des traces indirectes de leurs croyances. Ainsi, les récits romains donnent quelques indices sur les dieux celtes, et les fouilles archéologiques mettent au jour des objets liés aux rites et aux croyances, tels que des chaudrons ornés, des statuettes sculptées... mais il est parfois difficile d'interpréter leur véritable fonction.

Le druide est le lien entre les dieux et les hommes. Il sait interpréter les signes de la nature, qui sont des messages divins.

Les principales divinités

Pour les Celtes, la nature entière est peuplée de divinités : arbres, animaux, cours d'eau. Dans cet univers magique, il semble normal que des hommes se changent en bêtes, mènent de terribles combats ou voyagent dans l'au-delà.

Dieux ou animaux ?

Selon les croyances celtes, un sort peut transformer un homme méchant en sanglier, une femme jalouse en oiseau échassier, des amoureux en cygnes... Mais, sous leur nouvelle apparence, ils continuent à parler comme des humains.

Les principaux dieux

En voici quelques-uns mais ils ne sont pas tous adorés dans l'ensemble du monde celte.

Épona est la déesse des chevaux. Comme eux, elle est belle et sa course est rapide.

Lug, d'origine irlandaise, permet aux Tuatha dé Danann, de jeunes dieux, de vaincre les Fomoiré, terribles divinités (p. 74). Il possède tous les talents : musicien, magicien doué d'une force exceptionnelle... Ce dieu de la lumière au visage si étincelant qu'on ne peut le fixer serait assimilé au Soleil.

Dagda, irlandais lui aussi, est symbole de fertilité. Il possède une massue magique qui peut tuer par un bout et donner la vie par l'autre. Tous ceux qui goûtent à la nourriture contenue dans son chaudron magique repartent rassasiés.

Cernunos, « le cornu », est souvent représenté avec des bois de cerf, animal sauvage noble. C'est un dieu mystérieux dont nous ne connaissons pas les aventures.

Le combat de Lug

Lug, pour venir en aide aux divinités Tuatha dé Danann, vise de sa fronde l'œil mortel de Balor, chef de l'effroyable tribu des Fomoiré.

Ce dieu de la lumière est le sauveur de l'Irlande. Grâce à lui, les Tuatha dé Danann, de jeunes et beaux dieux, réussissent à vaincre les Fomoiré, terribles divinités marines qui sèment la terreur dans l'île.

Un horrible destin

L'effrayant Balor, chef des Fomoiré, n'a qu'un seul œil, dont le regard terrasse tous ceux qui le croisent. Un présage lui a annoncé qu'il serait tué par son propre petit-fils. Il enferme donc sa fille unique pour qu'elle n'ait jamais d'enfant. Mais, un jour, elle est séduite par un dieu Tuatha et donne naissance à des triplés. Balor les jette immédiatement à la mer. L'un des trois survit : c'est Lug.

Lug chez les Tuatha

Les Tuatha dé Danann, nom qui signifie « Tribu de la déesse-mère Danu », doivent continuellement affronter les Fomoiré ; mais les batailles se succèdent sans victoire décisive. Leur roi, Nuada, y a même perdu un bras, que le dieu médecin a remplacé par un membre en argent. Quand arrive Lug, jeune et brillant inconnu, Nuada le charge d'organiser le combat.

La dernière bataille

Lug prépare activement les Tuatha à l'attaque et les deux armées s'affrontent. Soudain paraît Balor, dont l'œil mortel commence à s'ouvrir. Lug le vise de sa fronde et tire : l'œil de Balor traverse sa tête et s'en va regarder sa propre armée. Celle-ci se disperse dans la terreur par peur de mourir sous ce regard ! Balor s'effondre : il a été tué par son propre petit-fils, comme cela avait été prédit.
Les Tuatha règnent alors sur l'Irlande jusqu'à l'arrivée de nouveaux envahisseurs. Puis ils se retirent sous l'île, d'où ils contrôlent la fertilité de la terre.

Cuchulainn, le héros

Ce guerrier surhumain est un des grands héros irlandais. Son père est sans doute le dieu Lug lui-même. Son destin montre que, pour les Celtes, la renommée est plus importante que la vie elle-même.

Un étrange surnom

Le vrai nom de Cuchulainn est Setanta. Un jour, dans son enfance, il étrangle à mains nues l'énorme chien du forgeron Culann, qui menaçait de le tuer. Il révèle ainsi sa force exceptionnelle. Mais Culann est furieux d'avoir perdu son chien de garde ! Setanta propose de monter la garde lui-même jusqu'à ce que le forgeron ait élevé un nouvel animal. Son offre est refusée, mais Setanta sera désormais appelé Cuchulainn, « chien de Culann ».

La gloire du guerrier

Cuchulainn n'a que 7 ans lorsqu'il décide de son destin. Il entend par hasard les propos d'un druide : « Les guerriers qui se battront aujourd'hui acquerront la gloire, mais ils mourront jeunes. » Cuchulainn n'hésite pas : vite, il se procure des armes. Il paraît invincible et arrête à lui seul une armée en marche !

Courage, folie et magie

Cuchulainn est allé dans l'au-delà apprendre l'art du combat auprès d'une princesse guerrière. Son épée magique ne fait que des blessures mortelles. Son char peut devenir invisible. Parfois, il est même pris de folie guerrière : gare à ceux qui croisent son chemin, amis ou ennemis !
Un jour, alors qu'il est blessé au cours d'une bataille,la déesse de la guerre lui apparaît sous la forme d'une corneille et lui annonce que sa mort est proche. Afin de tenir tête à l'armée ennemie jusqu'au bout, il s'attache à une pierre levée et poursuit le combat.

Les pouvoirs de Finn

Finn Mac Cool est un héros celte d'origine irlandaise. Il devient chef des Fenians, de puissants guerriers qui protègent le roi d'Irlande contre les envahisseurs. Il est doué d'une grande sagesse qu'il a acquise par magie, mais sa jalousie peut être terrible.

La naissance de Finn

Finn est le fils de Cumal, chef des Fenians, et d'une jeune femme nommée Hurna. Cumal a enlevé Hurna par amour, mais la famille de cette jeune femme se sent outragée et le fait assassiner ! Hurna demande alors à des druides d'élever son enfant en secret.

Le saumon magique

L'un de ces druides, Finegas, rêve depuis des années de pêcher le saumon magique, poisson qui donne la sagesse.
Un jour, enfin, victoire ! « Fais-le cuire, ordonne-t-il à Finn. Mais je te défends d'en manger la moindre miette. » Finn obéit, mais en retournant le poisson sur le feu, il se brûle un doigt. Il lèche sa blessure, où reste collée un peu de la chair du poisson. Sans le savoir, il acquiert ainsi toute la sagesse que donne ce saumon magique !

La jalousie de Finn

Finn devient un valeureux guerrier et succède à son père à la tête des Fenians. Devenu presque un vieillard, il décide d'épouser Grainne, une jeune princesse. Grainne refuse ce mariage et s'enfuit avec le jeune Diarmaid. Finn et les Fenians poursuivent longtemps les amants. Un jour, Diarmaid est blessé alors qu'il chasse le sanglier. Seul Finn, aux pouvoirs guérisseurs, peut le sauver en lui apportant de l'eau dans ses mains. Finn va chercher de l'eau, mais, au moment de la donner à son rival, sa jalousie l'emporte. Il laisse couler l'eau sur le sol. Diarmaid meurt.

Hurna, la mère de Finn, confie l'éducation de son fils aux druides (1). Plus tard, il acquiert une sagesse exceptionnelle au contact du saumon magique (2). Alors qu'il est déjà vieux, Finn choisit d'épouser une jolie jeune fille, mais celle-ci refuse (3) et part avec Diarmaid. Un jour, Diarmaid a un accident ; il est mourant et seul Finn peut le sauver, mais (4)…

L'aventure de Pwyll

Pwyll est l'un des grands héros gallois. Il est si courageux qu'une de ses aventures le mène dans l'au-delà combattre un être très puissant.

Une drôle de partie de chasse !

Pwyll aime chasser, comme tous les seigneurs gallois. Un jour, il entre dans une forêt, à la poursuite d'un cerf. Là, il s'aperçoit qu'un autre chasseur inconnu galope après le même animal. Cet homme, accompagné d'étranges chiens blancs aux oreilles rouges, réussit le premier à abattre le cerf. Mais Pwyll, dépité, s'empare tout de même de l'animal. L'autre chasseur, offensé, lui déclare : « Je me nomme Arawn, je suis un seigneur de l'autre monde. Tu me dois réparation ! »

Pwyll dans l'au-delà

Arawn lui impose l'épreuve suivante : « Tu prendras ma place et mon apparence pendant une année et un jour dans l'au-delà, et moi j'irai habiter dans ta demeure. Tu combattras mon ennemi mortel, un nommé Hafgan, qui m'attaque souvent. Attention, pour le tuer, ne le frappe qu'une seule fois ! Si tu lui portes deux coups, non seulement il ne mourra pas, mais il sera encore plus puissant qu'avant ! »

Le service rendu au dieu

Pwyll réussit l'épreuve donnée par Arawn et tue son ennemi. Arawn a beau être un dieu, il a eu besoin de l'aide de cet homme courageux pour vaincre Hafgan. Une grande amitié est née de cette aventure et, par la suite, chacun ne manquera pas de faire les plus beaux cadeaux à l'autre (chevaux, trésors...).

Chez les Vikings

Les Vikings peuplent une partie de la Scandinavie, une région qui comprend la Suède, la Norvège et le Danemark actuels. Ils s'installent aussi en Islande.

Les Vikings habitent des régions au climat rude, au nord de l'Europe. Entre le VIIIe et le XIe siècle, ils mènent de nombreuses expéditions en Europe et de l'autre côté de l'Atlantique. Leurs divinités ont un rapport étroit avec les forces de la nature et avec la guerre.

D'étranges créatures

Les Vikings croient en des dieux guerriers tels qu'Odin et Thor. D'autres symbolisent la fertilité et la fécondité. Mais l'univers imaginaire des Vikings est aussi peuplé de géants redoutables, de nains tailleurs de pierre, d'elfes habitant lacs et forêts, de serpents et de loups. Nous les connaissons aujourd'hui surtout grâce aux *Edda*, des textes islandais.

De nombreuses divinités vivent dans les forêts, les lacs et les fjords des territoires vikings.

La vie dans l'au-delà

Pour les Vikings comme pour les Celtes, le courage est la plus haute des vertus. Les rois et les héros morts au combat ont droit à un paradis spécial auprès du dieu Odin. Ceux qui meurent de façon naturelle deviennent les serviteurs silencieux de la sombre déesse Hel.

Le destin

Les Vikings croient en un destin tout-puissant, que les dieux eux-mêmes ne peuvent changer : presque tous, hommes et dieux, mourront au cours d'un ultime combat qui opposera les dieux aux géants. Ce combat sera suivi, selon eux, d'une renaissance du monde.

La création du monde

C'est d'un peu de glace fondue que naît le géant Ymir, qui engendrera les autres dieux.

Selon les Vikings, les glaces du Nord sont à l'origine du monde. Mais elles provoqueront aussi sa destruction : les géants de la glace mèneront le Ragnarök, le dernier combat contre les dieux.

La vie née de la glace

Au tout début, seul existe un gouffre glacé. Un jour naissent de la glace fondue le géant Ymir et la vache Audumla. Pendant son sommeil, alors qu'il transpire, Ymir engendre de nouveaux géants et les premiers humains, tandis qu'Audumla, en léchant la glace, libère l'ancêtre des dieux : Buri. Plus tard, les petits-enfants de Buri, Odin, Vili et Ve, tuent Ymir et les autres géants. Avec le corps d'Ymir, les trois dieux créent la mer, la terre, le ciel et les montagnes.

Un arbre au centre du monde

Les Vikings pensent qu'un frêne forme le centre du monde. Ses racines abritent le monde souterrain, les hautes branches, le domaine des dieux et, entre les deux, se trouve l'univers des hommes. Un écureuil grimpe et descend le long de cet arbre ; il transmet les nouvelles à l'aigle perché en haut des branches et au serpent caché dans les racines.

La dernière bataille

Depuis leur création, dieux et géants sont ennemis. Il est écrit dans leur destin qu'ils doivent s'affronter dans une ultime bataille que même les dieux ne peuvent éviter. Elle oppose Odin et son armée de fantômes morts au combat aux géants de la glace, conduits par Loki et ses monstrueux enfants (voir p. 82). Ce terrible combat se terminera sans vainqueurs et mettra fin au premier monde.

L'arbre du monde.

Odin, les Walkyries

Pour les Vikings, mourir au combat est un honneur. Le destin des héros morts au combat le prouve : ils sont accueillis auprès d'Odin, le roi des dieux, et passent leur temps à combattre et à festoyer. Jusqu'au combat ultime, où ils lutteront avec Odin contre les forces du mal.

Le roi des dieux

L'apparence d'Odin n'est pas très engageante ! Ce vieillard aux cheveux gris n'a qu'un œil, il porte une longue barbe et un chapeau lui cache le front. Il se glisse parfois dans le corps d'un animal. Il possède un anneau d'or, forgé par les nains, qui se multiplie par neuf tous les neuf jours. Cet objet magique est un symbole de richesse inépuisable.

Quels sont ses pouvoirs ?

Dieu du savoir, de la magie et des victoires, Odin peut paralyser ses ennemis ou les rendre sourds ! Il sait insuffler aux combattants une folie meurtrière qui leur fait ignorer la peur. Sa lance magique décide de la victoire dans les combats. Ce dieu sanguinaire est aussi avide de connaissances. Il donne un jour un de ses yeux pour pouvoir boire au puits magique du dieu Mimir et acquérir ainsi la sagesse. Il apprend également l'art d'utiliser l'alphabet viking : les rhunes.

Quels sont les animaux qui l'entourent ?

Odin a deux corbeaux nommés Hugin (Pensée) et Munin (Souvenir), à qui il a donné la parole. Ces oiseaux viennent lui raconter ce qui se passe dans l'univers. Son coursier est un cheval gris à huit pattes nommé Sleipnir, né de l'étalon d'un géant et de Loki, transformé en jument.

Les Walkyries

Ces esprits féminins, qui portent des noms tels que Hurlante et Furieuse,

et le Walhalla

Les Walkyries, transportant les guerriers morts au combat.

sont les envoyés d'Odin. Les Walkyries volent vers les champs de bataille et y prennent en selle les braves qui viennent de mourir. Elles les emportent à travers le ciel jusqu'au paradis des guerriers. Là, ils connaîtront une nouvelle vie de combattants auprès des dieux.

À quoi ressemble l'Asgard ?

L'Asgard est le paradis des guerriers et la résidence des dieux. Des centaines de portes y donnent accès ; les poutres sont faites de lances, les tuiles, de bouclier.

Les guerriers ne sortent que pour s'exercer au combat. Le Walhalla est la grande salle où réside Odin. Il y réunit tous ses combattants autour de grands festins. Les braves, servis par les Walkyries, se régalent de sanglier et boivent de la bière et de l'hydromel (la boisson divine), mais ils se tiennent toujours prêts à mener l'ultime bataille contre les géants.

Ci-dessous, le palais des morts, qui accueillent ceux qui ont perdu la vie au combat.

Loki, dieu malfaisant

Loki, dieu du feu, est fourbe et malfaisant. Il se moque du bien et du mal. Ce fils de géants aime tromper tout le monde, y compris ses amis.

Loki et Baldr

Baldr est le fils préféré d'Odin. Un présage a annoncé sa mort. Pour le protéger, Odin doit faire jurer à toutes les forces de la nature, pierres, plantes et animaux, de ne pas lui faire de mal. Ainsi protégé du danger, aucun malheur ne pourra arriver à Baldr.

Mais Odin a oublié de faire jurer cette petite plante qu'est le gui ! Loki l'apprend. Aussitôt, il a une mauvaise pensée. Il arme avec une flèche de gui l'arc de Bolder, le frère aveugle de Baldr, et lui demande de tirer. Baldr succombe à la flèche de gui. Les dieux, très irrités contre Loki, finissent par le capturer et l'attachent dans une caverne, sous la menace d'un serpent venimeux. Il y restera prisonnier jusqu'au grand combat final des dieux et des géants.

Des enfants terribles

Loki a eu trois enfants monstrueux de la géante Angrboda. Hel, terrifiante déesse de l'ombre, règne sur les Enfers qui portent son nom. Fenrir est un loup si dangereux que les dieux doivent le garder attaché. Leur troisième enfant est un serpent qui hante les fonds marins. C'est l'ennemi juré de Thor.

Loki guide le bras de Bolder le dieu aveugle, qui va atteindre de sa flèche empoisonnée son propre frère.

Fenrir, le fils de Loki, est si sauvage qu'il est maintenu attaché par une corde magique.

Thor, dieu du tonnerre

Thor voyage sur un char tiré par deux boucs : Grince-dents et Dents-luisantes.

C'est le dieu du tonnerre, des vents et de la pluie. La pluie favorisant les récoltes, c'est aussi un dieu de la fertilité. Il est très populaire. Grâce à sa force, il est le protecteur des dieux et l'ennemi des géants.

Thor, l'étonnant

Ce grand dieu à la barbe rousse est le fils d'Odin et de Fjorgyn, la Terre. Il est capable d'avaler plusieurs bœufs en un seul repas ! Il a pour arme un marteau nommé Mjöllnir, forgé par les nains. Sa ceinture magique double ses forces.

Lorsque le tonnerre gronde, cela signifie que Thor traverse le ciel sur son char.

Thor et le serpent marin

Thor se rend un jour chez Hymir, le géant de la mer.

« Laisse-moi pêcher avec toi », lui demande-t-il. Hymir n'en a pas envie, il prétend qu'il n'a pas d'appât pour Thor. Qu'à cela ne tienne, Thor s'en va tuer un bœuf et fixe la tête de l'animal au bout de sa ligne. Soudain, la ligne de Thor s'enfonce. Le dieu s'arc-boute pour tirer sa proie ! Lorsque apparaît la tête monstrueuse du serpent fils de Loki, Hymir, terrifié, tranche la ligne.
Le monstre disparaît dans les profondeurs et, une fois de plus, échappe à Thor.

En Inde

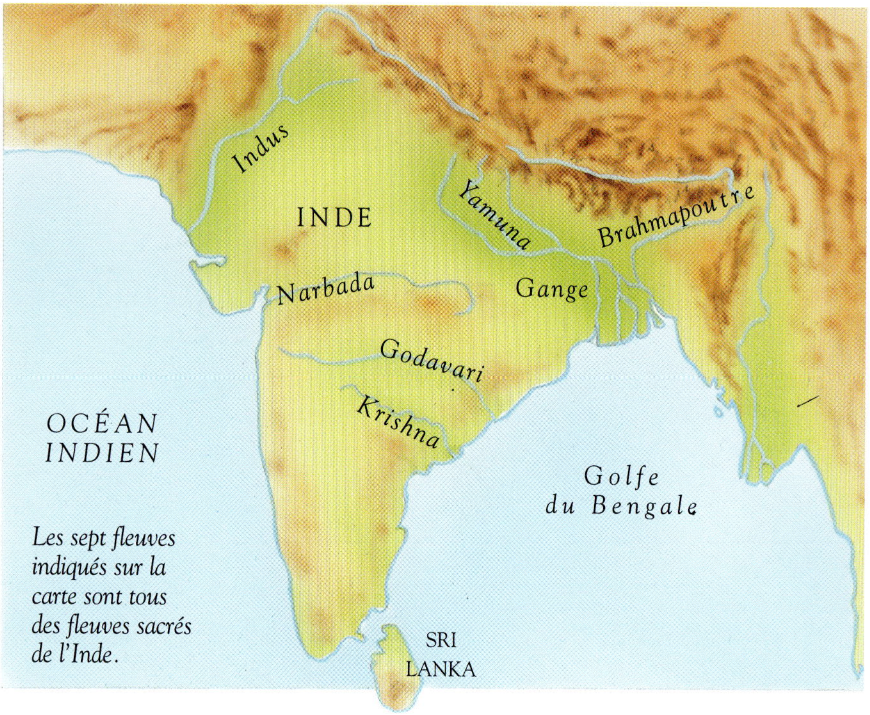

Les sept fleuves indiqués sur la carte sont tous des fleuves sacrés de l'Inde.

L'hindouisme, une religion très compliquée, est la plus importante de l'Inde actuelle. Elle est issue d'anciennes croyances qui se sont perpétuées au cours des millénaires tout en se modifiant.

Que sont les Veda ?

Ce mot veut dire « savoir ». Les Veda sont des textes sacrés qui ont été composés entre 1500 et 500 av. J.-C. Ils comptent des dizaines de milliers de vers. Depuis les origines, des prêtres, les brahmanes, les apprennent par cœur et les transmettent oralement à leurs disciples de génération en génération. Les Veda enseignent les gestes à effectuer et les paroles précises à prononcer lors des différentes cérémonies religieuses. Si un détail n'est pas respecté, le dieu n'exaucera pas les vœux qu'on lui adresse.

Que font les dieux ?

Ils recréent périodiquement l'univers et luttent contre les forces démoniaques qui menacent l'ordre du monde. C'est pourquoi il est si important de leur consacrer des offrandes et des sacrifices. Les dieux sont en principe au nombre de 33, mais ils sont si mystérieux que l'on peut en compter jusqu'à 33 333 ! Vers 400 av. J.-C. ils laissent la place à une puissance divine pouvant prendre plusieurs apparences (Shiva, Brahma, Vishnou).

Quelques vers des Veda.

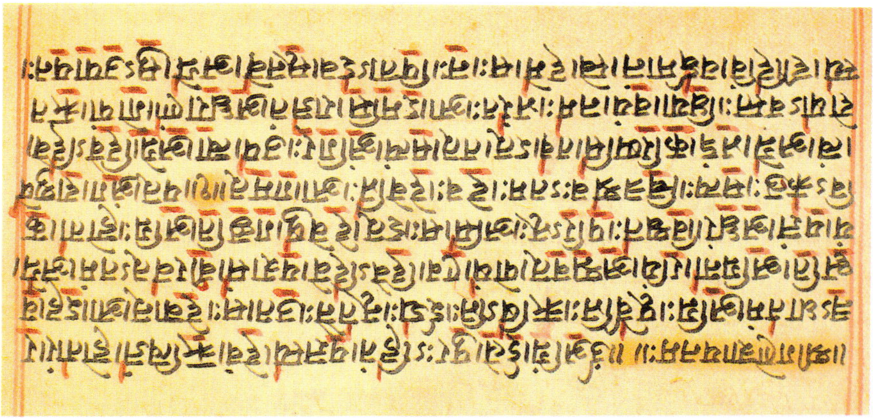

Indra libère les fleuves

Indra est le dieu de la guerre. Il se révèle capable des plus grands exploits, surtout lorsqu'il a consommé du soma, la boisson sacrée qui donne vigueur et immortalité. On le vénère aussi comme le dieu de la fécondité, car c'est lui qui a rendu à la terre l'eau des fleuves qui la rend fertile.

Un dieu guerrier

Armé de la foudre, Indra est parfois accompagné des Marut, les vents de l'orage. Lors de ses expéditions, il monte Airavata, son éléphant blanc à six défenses. Les prêtres, ou brahmanes, le supplient d'écouter les louanges qu'ils lui adressent. Si elles sont parfaites, le dieu accordera la victoire au combat à ceux qui l'ont imploré. Ce dieu magnifique et généreux est celui qui est le plus souvent invoqué dans les textes des Veda.

Le gardien des fleuves

En Inde, l'eau des fleuves est essentielle : elle irrigue la terre et la rend plus riche pour les cultures. Sans l'eau, les hommes connaissent la famine. Un jour, le terrible serpent Vritra empêche l'eau des fleuves de s'écouler en se plaçant en travers de leur chemin et en faisant un barrage avec son corps. Mais Indra décide de libérer les eaux prisonnières. Il pourfend alors Vritra de son arme. Le corps du serpent monstrueux disparaît sous les eaux, qui se précipitent enfin vers la mer. C'est ainsi qu'Indra permet aux sept fleuves sacrés de l'Inde d'irriguer à nouveau les terres.

La déesse du Gange.

Agni le bienveillant

Le dieu Agni est le protecteur des hommes. Il leur permet de s'éclairer, de se chauffer, de manger les aliments cuits et de communiquer avec les autres dieux.

Où est Agni ?

Le dieu Agni est présent dans tout ce qui brûle : on le rencontre dans les éclairs, la chaleur du soleil et dans chaque maison, dont il éclaire le foyer. Agni demeure même dans le ventre des hommes lorsqu'ils ont avalé de la nourriture et que leur corps digère. Agni est si bon qu'il est venu de lui-même offrir ses bienfaits aux hommes.

Le feu du sacrifice

C'est grâce à Agni que les hommes peuvent communiquer avec les autres dieux. Lors des cérémonies, les prêtres allument un feu. Ils y jettent de la nourriture en prononçant le nom du dieu auquel ils la destinent. Agni saisit ces offrandes et les apporte sous forme de fumées au dieu concerné. C'est pourquoi il est considéré comme le messager des divinités.

Le feu purificateur

Agni sait qui est bon et qui a commis une faute. Pour que l'innocence d'un suspect soit prouvée, il faut que celui-ci se jette dans le feu et en ressorte vivant. C'est l'épreuve de l'ordalie. Agni purifie aussi tout ce qu'il touche, ce qui explique la tradition hindoue de brûler les morts.

Ci-contre, les offrandes destinées aux dieux sont jetées au feu.
Ci-dessous, représentation d'Agni.

La création de l'univers

Durant son sommeil, Vishnou imagine le monde à venir. À son réveil, il a la surprise de découvrir qu'un lotus a fleuri sur son nombril ! Puis la fleur s'ouvre, laissant sortir Brahma. Brahma est le père de tous les êtres qui vont naître. Leur mère sera la déesse de la fécondité, Sarasvati. Il est dit que Brahma recrée le monde tous les 4 320 000 000 années !

Brahma, ci-dessous, est né d'une fleur de lotus apparue sur Vishnou pendant son sommeil (à gauche).

Dans la mythologie hindoue, la création du monde est une histoire bien mystérieuse et plusieurs récits tentent de l'expliquer.

L'œuf d'or

L'un de ces récits raconte qu'au tout début il n'existait que l'eau, une immense étendue liquide sans fin. De cette eau et de la volonté d'un dieu est né un œuf d'or. Cet œuf flotte à la surface de l'eau pendant un an. Puis, un jour, il éclôt enfin. Il en jaillit le dieu Prajapati, qui sera ensuite confondu soit avec Vishnou, soit avec Brahma. Il suffit dès lors à Prajapati de nommer les éléments de l'univers pour qu'ils apparaissent : la Terre, le ciel, les dieux, les démons, les saisons...

Vishnou rêve le monde

Et si le monde était né d'un rêve ? Un autre mythe raconte que Vishnou, couché sur l'immense serpent Ananta, à la surface de l'océan, dormait pendant que son épouse Shri lui massait les pieds.

Vishnou sous

À chacune de ses avatara, Vishnou sauve des êtres purs ou combat des hommes ou des démons dangereux. Vishnou doit absolument intervenir pour que l'ordre du monde soit maintenu.

Le poisson sauve Manu
La première fois, Vishnou apparaît sur Terre sous la forme d'un poisson. Le sage Manu, ancêtre des

Brahma (voir page précédente), Vishnou (à gauche) et Shiva (ci-dessous) sont les trois aspects d'une seule et même divinité appelée Trimurti.

Dès le début de la religion hindoue, qui succède à la religion védique, une triple divinité éclipse l'influence des autres dieux : Trimurti.

Brahma, Vishnou et Shiva
Trimurti comprend trois dieux, qui sont chacun un aspect d'un seul être divin : Brahma, Vishnou et Shiva. Brahma crée le monde, Vishnou le préserve et Shiva peut le détruire avec le poison contenu dans son collier bleu. Shiva a pourtant sauvé une fois le monde de la catastrophe : lorsque le Gange est tombé du ciel, Shiva a amorti sa chute en le recevant sur sa tête.

Les apparitions de Vishnou sur la Terre
Vishnou est descendu neuf fois sur la Terre sous différentes apparences. Ses incursions dans le monde des hommes sont appelées des « avatara », c'est-à-dire « descentes » ou « incarnations ».

hommes, se lave les mains dans une rivière. Un petit poisson le supplie : « Sauve-moi de ceux qui veulent me manger et je te sauverai à mon tour. » Manu recueille le poisson et le place dans une jarre. Une fois le poisson devenu grand, il le jette dans la mer. Reconnaissant, le poisson prévient Manu : « Il va y avoir un terrible déluge. Construis un bateau, embarque tes enfants et emporte avec toi un être vivant de chaque espèce. » Manu obéit et sauve ainsi du déluge hommes et animaux.

Le barattage de la mer de lait

Les dieux sont sans cesse menacés de mort par les démons. Vishnou leur conseille de s'unir avec leurs ennemis, le temps d'extraire de la mer de lait la liqueur de l'immortalité, tout comme on extrait le beurre en brassant la crème du lait. Tous ensemble, ils arrachent le mont Mandara, le déposent au fond de la mer, l'entourent d'un immense serpent et commencent à baratter pour extraire de l'eau le précieux « beurre ». Mais le mont

Dieux et démons s'unissent pour brasser la mer et recueillir la boisson qui rend immortel. La représentation ci-dessus est la plus connue de cet épisode du barattage de la mer de lait.

s'enfonce et il est impossible de brasser la mer correctement ! Vishnou prend alors la forme d'une tortue, plonge au fond de l'eau et accroche solidement le Mandara sur son dos. Ainsi, les dieux obtiennent enfin du « beurre » d'où sortent diverses richesses, y compris le breuvage d'immortalité. Dans cette aventure, les démons sont trompés et privés de la boisson magique.

Rama et Sita

L'histoire de la vie de Rama et ses aventures sont racontées dans une très ancienne épopée, nommée* Ramayana*, qui ne compte pas moins de 48 000 vers !

Qui est Rama ?

Lors de sa septième avatara, Vishnou descend sur Terre sous la forme de Rama, un vaillant guerrier dont la vie est pleine de péripéties. Son épouse se nomme Sita.

L'enlèvement de Sita

À la suite d'une de leurs aventures, Rama et Sita sont contraints de s'exiler avec le frère de Rama dans une forêt dense et montagneuse. Ils vivent là paisiblement pendant dix ans. Mais, un jour qu'elle est restée seule, Sita est enlevée par le démon Ravana, qui lui fait traverser le ciel et l'emmène sur l'île de Lanka (actuelle Sri Lanka), où il la garde prisonnière.

Des animaux au secours de Rama et Sita

Rama et son frère cherchent alors Sita partout avant d'apprendre le lieu où elle est tenue captive. Aussitôt, Rama s'entoure d'animaux

Rama, incarnation de Vishnou, doit se battre contre le démon Ravana pour sauver son épouse Sita.

et construit un pont au-dessus de la mer pour rejoindre l'île de Lanka. Grâce à l'aide d'une armée de singes et d'ours, il peut aller livrer bataille contre les démons, et en particulier Ravana, pour libérer sa bien-aimée. L'affrontement est difficile. Rama se fait aider des dieux et parvient enfin à délivrer Sita. Rama restera sur Terre encore durant 11 000 ans avant de retourner parmi les dieux.

Au Japon

Les Japonais et les kamis

Souvent, les Japonais font des offrandes aux kamis dans un but pratique précis : ils les implorent pour des ennuis de santé, pour des problèmes de famille... L'empereur japonais est aussi très respecté, car il a très longtemps été considéré comme le descendant du kami du Soleil !

Les montagnes abritent les résidences des dieux et des morts. Le mont Fuji, ci-contre, est tout particulièrement sacré.

Le Japon est un ensemble d'îles. Ses habitants, séparés par la mer du reste de l'Asie, ont eu très tôt leur propre religion : le shinto.

Qui sont les kamis ?

Shinto signifie « voie des dieux ». Qui sont ces dieux ? On les appelle les kamis : «ceux qui sont placés haut», donc ceux qui sont adorés. Chacun représente une force de la nature : Soleil, tonnerre, lacs, rivières, montagnes... Les kamis ont presque tous une apparence humaine. Certains habitent le ciel, d'autres la Terre. Lorsque les kamis du ciel veulent avoir des nouvelles de la Terre, ils envoient des messagers.

Comment connaît-on les mythes japonais ?

Il y a de nombreux siècles, les empereurs japonais ont donné l'ordre de fixer par écrit les mythes du shinto. C'est ainsi qu'est né le kojiki : la « chronique des choses anciennes », rédigé dans un mélange de chinois et de japonais. Il raconte comment l'univers a été créé, ainsi que l'histoire des dieux et des empereurs depuis cette création.

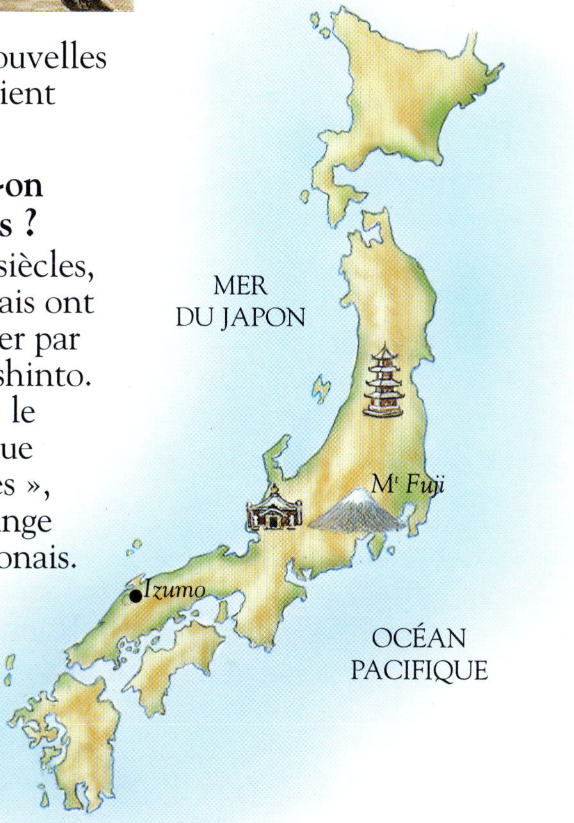

La création du monde

Au tout début du monde, dans la haute plaine du ciel, naissent les premiers dieux. Tout d'abord, ils se cachent et, après plusieurs générations, naissent le dieu Izanagi et la déesse Izanami. La création de l'univers peut vraiment commencer.

La Terre ressemble à une méduse

La Terre, toute jeune encore, forme comme une tache d'huile sur l'océan immense. Elle ressemble à une méduse qui flotte à la surface de l'eau. Les dieux ordonnent alors à Izanagi et Izanami : « Allez consolider la Terre ! » Ils leur offrent pour cela une lance richement décorée. Izanami et Izanagi se rendent sur le pont flottant du ciel, reliant le monde d'en haut et celui d'en bas comme le fait l'arc-en-ciel. Ils plongent la lance dans l'océan et l'agitent avant de la retirer. Quelques gouttes tombent. En touchant l'océan, elles se changent en une île : la première terre ferme est née.

Un couple de dieux

Izanagi et Izanami descendent du ciel et s'installent sur cette île toute neuve. Ils y construisent leur maison et un pilier. Puis ils décident de s'unir. Ils procèdent au rituel suivant : Izanagi contourne le pilier par la gauche, Izanami par la droite. Dès qu'elle voit le dieu, celle-ci s'écrie : « Quel homme charmant !» Mais la femme ne doit pas parler avant l'homme, pensent les autres divinités. Punie, Izanami accouche d'un enfant malformé. Après avoir recommencé le rituel dans les règles, le couple a de nombreux enfants, parmi lesquels des kamis et différentes îles.

Les déboires d'Izanagi

Alors qu'Izanami se transforme en démon, Izanagi, par sa propre faute, doit fuir les Enfers, poursuivi par les dieux du tonnerre.

Izanami meurt en mettant au monde le kami du feu, qui la brûle. Sa mort désespère Izanagi. Il tente en vain de la faire revenir du royaume des morts, le mystérieux « pays des racines ». Magiquement, il enfante alors seul de nombreux kamis.

Izanagi chez les morts

Au royaume des morts, il rencontre sa chère Izanami qui lui dit : « Malheureusement, comme j'ai déjà goûté à la nourriture de ce pays, je ne peux revenir vers toi. Mais attends-moi, je vais tout de même consulter le dieu qui règne ici pour voir s'il y a une solution. Ne cherche surtout pas à me regarder pendant ce temps ! »

Poursuivi par les kamis du tonnerre

Mais Izanagi est trop curieux : il ne peut s'empêcher de regarder sa chère femme... Aussitôt, celle-ci se transforme en un démon furieux ! Il s'enfuit comme il peut, poursuivi par les huit dieux du tonnerre et les guerriers des Enfers. Il les disperse en jetant sur eux trois pêches magiques cueillies en chemin, puis il bouche la sortie du royaume des morts avec un gros rocher. Izanagi est sauvé mais a définitivement perdu son aimée. Se sentant sali par son voyage aux Enfers, il décide de se baigner dans l'eau fraîche d'une rivière. C'est de ce bain que naîtra la déesse Amaterasu.

Amaterasu, déesse

Alors qu'Izanagi entre dans la rivière pour se purifier de son voyage aux Enfers, et tandis qu'il se lave, quatorze kamis naissent des différentes parties de son corps. Amaterasu est l'un de ses enfants.

Le bain d'Izanagi

Izanagi commence son bain dans la rivière, puis il en descend le cours jusqu'à la mer. Il lave alors son œil gauche, et donne ainsi naissance à Amaterasu, la grande déesse du Soleil ; puis le dieu lave son œil droit et apparaît le dieu de la Lune. Enfin Izanagi se lave le nez et donne naissance à Susanowo, terrible dieu de l'orage !

Le partage de l'univers

Izanagi décide de partager le monde entre ces trois nobles kamis qui sont nés de lui en dernier. Il tend son collier à Amaterasu et lui dit : « Tu règneras sur la haute plaine du ciel. » Puis il se tourne vers le dieu de la Lune et lui confie la garde de la nuit. Enfin, il offre à Susanowo de régner sur la mer.

Susanowo est mécontent

Susanowo se met à pleurer. Pendant des jours et des jours, il verse tant de larmes que rien ne pousse plus sur terre. Izanagi finit par lui demander : « Pourquoi te lamentes-tu, mon fils, au lieu de régner sur le royaume que je t'ai donné ? » Susanowo répond : « Père, je préférerais rejoindre ma mère au royaume des morts. » Izanagi entre alors dans une terrible colère et bannit son fils.

Le défi

Avant de s'exiler comme son père le lui a ordonné, Susanowo se rend au ciel pour voir sa sœur Amaterasu, sous prétexte de lui dire adieu.

du Soleil

Amaterasu est aveuglée par sa propre lumière renvoyée dans le miroir.

Mais Amaterasu se méfie : « Peut-être veut-il s'emparer de mon domaine ? » se dit-elle. Susanowo lui lance en effet un défi : « Celui de nous deux qui engendrera les dieux les plus remarquables régnera sur le ciel. » Amaterasu prend l'épée de son frère, la casse en trois morceaux qu'elle mâche, et de son souffle naissent trois déesses. Susanowo emprunte les bijoux de sa sœur, il les mâche et donne naissance à cinq kamis masculins.

Amaterasu se cache

Qui a gagné ? Susanowo prétend que c'est lui. Il accumule pourtant les mauvaises actions et Amaterasu est épouvantée. Elle court se cacher dans une grotte dont elle ferme l'entrée à l'aide d'un gros rocher. Voici le monde privé de Soleil et baigné dans les ténèbres.

La ruse des kamis

L'obscurité est totale. Comment convaincre Amaterasu de réapparaître ? Les kamis inventent une ruse : ils placent un miroir devant l'entrée de la grotte, puis ils se réunissent tout près de là, autour d'une déesse qui commence à danser. Tous les kamis rient à ce spectacle. Dans sa cachette, Amaterasu est intriguée. « Pourquoi ces rires, alors que le monde est plongé dans le noir ? » « Nous nous émerveillons devant une déesse plus noble que vous », répondent les kamis. Amaterasu se glisse hors de sa cachette pour regarder. Sa lumière se reflète alors dans le miroir qui est là et les kamis profitent de l'éblouissement d'Amaterasu pour refermer la grotte derrière elle. Amaterasu revenue, l'univers a retrouvé chaleur et lumière.

Susanowo et le serpent

Susanowo cherche à enivrer le terrible serpent à huit têtes de la province d'Izumo afin de le terrasser plus facilement.

Susanowo, le dieu de l'orage, a été chassé par son père. Après ses querelles avec Amaterasu, il descend sur terre, dans la province d'Izumo (voir carte p.91), où sévit un terrible monstre...

Une jeune fille en danger

Susanowo, à son arrivée sur Terre, s'arrête près d'une rivière. Il aperçoit bientôt un couple de vieillards qui cheminent en pleurant. Entre eux, se trouve une jeune fille. « Pourquoi cette tristesse ?» leur demande Susanowo. « Nous avions huit filles, répondent-ils. Chaque année, le serpent à huit têtes nous en a mangé une, et maintenant il ne nous reste plus que la dernière. Le serpent va bientôt arriver, mais nous ne voulons pas qu'il la prenne !» Susanowo leur déclare : « Je suis le jeune frère du kami Amaterasu. Donnez-moi votre fille en mariage, et je la sauverai. » Les parents acceptent.

La mort du serpent

Susanowo transforme la jeune fille en un peigne qu'il plante dans ses cheveux. Puis il fait préparer huit tonneaux d'alcool de riz. Le serpent à huit têtes et à huit queues arrive bientôt en grondant. Attiré par l'odeur de l'alcool, il plonge chacune de ses têtes dans un tonneau et boit tant et tant qu'il tombe endormi. Alors, Susanowo tire son sabre et découpe le monstre en morceaux. Dans une de ses queues, il découvre une épée, qu'il offre à Amaterasu. Cette épée symbolise encore aujourd'hui le pouvoir des empereurs, que l'on dit descendants d'Amaterasu. Elle est conservée dans un temple. Susanowo redonne ensuite forme humaine à sa femme et fait bâtir pour eux deux un palais dans la province d'Izumo. L'un de leurs descendants, Kami-Maître-de-la-Grande-Province, est le héros de nombreuses aventures.

L'histoire du kami-lapin

Kami-lapin suit les conseils de Kami-Maître-de-la-Grande-Province et couvre son corps de pollen pour cicatriser les plaies causées par le requin.

Kami-Maître-de-la-Grande-Province a de nombreux demi-frères, qui veulent tous épouser une princesse nommée Yagami. Ils partent pour la province où habite la belle, et emmènent avec eux Kami-Maître-de-la-Grande-Province pour porter leurs bagages.

Kami-Lapin

En chemin, la troupe rencontre un lapin blanc, qui est un kami lui aussi. Ce lapin a la peau nue, entièrement à vif. Il semble souffrir terriblement. Les frères lui conseillent : « Baigne-toi dans la mer, puis expose-toi au vent. Cela te guérira. » Le lapin suit leurs indications, mais l'eau salée creuse ses plaies et il souffre encore plus.

Une ruse qui tourne mal

Kami-Maître-de-la-Grande Province est très chargé et il s'est laissé distancer par ses frères. À son tour, il arrive à l'endroit où gît le malheureux kami-lapin. « Que t'est-il arrivé ? » lui demande-t-il. Le lapin lui raconte sa triste aventure : « Je voulais traverser la mer pour venir ici, mais je ne savais pas comment. Alors, j'ai demandé à des requins de former un pont sur lequel je passerais. En échange, je leur ai promis de les compter lors de mon passage : ils voulaient savoir qui sont les plus nombreux : les requins ou les lapins. J'étais presque arrivé à la rive lorsque je leur ai avoué que je n'avais pas compté ! Le requin qui était sous mes pieds m'a attrapé et écorché pour me punir. »

La prédiction

Kami-Maître-de-la-Grande-Province a pitié du pauvre lapin. Il lui conseille de se laver à l'eau douce puis de recouvrir son corps du pollen des joncs. Kami-Lapin guérit bien vite. « Tu es le seul à être généreux, déclare-t-il à son sauveur. C'est toi qui épousera la belle princesse Yagami. »

Chez les Mayas et

Terre cuite représentant le dieu jaguar, divinité solaire des Mayas.

Il y a bien longtemps, plusieurs peuples habitaient l'Amérique centrale. Les Aztèques et les Mayas, en particulier, y avaient établi de brillantes civilisations. Leur écriture, leur calendrier et leur connaissance des astres étaient très liés à leur religion. Ces deux peuples, très proches, partageaient certaines croyances.

Des dieux exigeants

Les Aztèques, comme les Mayas, croient que les dieux ont déjà créé et détruit le monde plusieurs fois. Ils ont donc un grand souci : tout faire pour les persuader de ne pas détruire celui où ils vivent. Un seul acte, selon eux, peut apaiser les dieux : l'offrande de sang humain. C'est pourquoi Mayas et Aztèques sacrifient souvent des hommes au cours de leurs cérémonies religieuses.

Temple maya

Lors de certaines cérémonies religieuses, les prêtres s'habillent comme des dieux.

Apprivoiser la nature

En Amérique centrale, le sol et le climat réservent bien des surprises. Tremblements de terre, sécheresse et inondations peuvent ruiner les récoltes en quelques instants. Les hommes honorent donc des divinités qui symbolisent cette nature imprévisible : le dieu de la pluie, le dieu du maïs (base de leur alimentation)...

Mayas et Aztèques ont-ils les mêmes dieux ?

Malgré ces points communs, Mayas et Aztèques ont chacun leur propre mythologie. Par exemple, ils ne racontent pas de la même façon l'histoire des mondes détruits avant la création du leur. Ils adorent aussi des dieux qui leur sont particuliers.

L'arrivée des Européens

Au XVIe siècle, les conquérants espagnols découvrent l'Amérique centrale. Ils entreprennent de la piller et de convertir ses habitants à la religion catholique. La civilisation maya décline déjà à cette époque ; celle des Aztèques est florissante, mais aucune des deux ne survit à l'arrivée des conquérants. Pourtant, de nos jours encore, des Indiens mayas perpétuent les croyances anciennes, mêlées de christianisme.

Comment les connaissons-nous ?

Les Espagnols, dès leur arrivée, ont détruit les livres sacrés, les vases et les sculptures. C'est pourquoi bien des mystères demeurent. Heureusement, il reste des temples et des pierres sculptées. Au XVIe siècle, des scribes ont aussi noté par écrit quelques traditions anciennes. Depuis le XIXe siècle, des savants travaillent au déchiffrement de l'écriture maya, et les fouilles archéologiques font sans cesse progresser les connaissances.

Les Aztèques et

Les Aztèques pensent que quatre mondes ont précédé le nôtre. Chacun de ces mondes est appelé « Soleil », du nom de l'astre sacré. Ils ont été créés puis détruits par les dieux. Les Aztèques vivent donc dans la peur que les dieux, insatisfaits, détruisent le cinquième monde, celui dans lequel ils vivent.

Batailles entre les dieux

Ometeotl, dieu à la fois masculin et féminin, a créé toute chose. Puis quatre grandes divinités se sont livré bataille au cours des âges, chacune voulant dominer l'univers :

Quetzalcoatl, le Serpent à plumes, dieu de la fécondité, qui peut prendre l'apparence d'**Eheatl,** dieu du vent et du souffle vital.

Tezcatlipoca, son redoutable frère, dont le nom signifie « miroir fumant », car son miroir lui permet de tout connaître.

Tlaloc, dieu de la pluie, et **Chalchiuhlicue,** sa femme, déesse des fleuves et des marais.

Les quatre mondes précédents

• Le premier est dirigé par Tezcatlipoca. Au bout de 676 ans, son frère Quetzalcoatl décide de prendre le pouvoir : il jette Tezcatlipoca dans la mer, se transforme en un jaguar gigantesque, extermine les géants qui peuplent la Terre et entraîne la fin du monde.

• Le deuxième monde est dominé par Quetzalcoatl. Tezcatlipoca prend alors sa revanche : il fait souffler une énorme tempête qui emporte tout sur son passage et transforme de façon mystérieuse les hommes en singes.

• Le troisième monde a pour seigneur Tlaloc. Mais Quetzalcoatl le détruit d'une pluie de feu, qui évoque peut-être l'éruption d'un volcan.

• Le quatrième monde est dirigé par Chalchiuhlicue. Il est détruit par un déluge si terrible qu'il abat les montagnes et change

les cinq Soleils

les hommes en poissons.

Qui sera le cinquième Soleil ?

Quetzalcoatl et Tezcatlipoca se réconcilient finalement. Ensemble, ils recréent le ciel et la Terre. Mais le ciel reste vide et sans lumière. Il faut un nouveau Soleil ! Les dieux se réunissent à Teotihuacan et tiennent conseil : « Quel dieu acceptera de devenir le Soleil ? » Pour prendre ce rôle, il faut se jeter dans un feu et y périr avant de renaître sous la forme du Soleil. Un premier dieu hautain se présente mais il perd son aplomb devant les hautes flammes ! Nanahuatzin, un dieu plus modeste, est alors désigné à sa place. Il se jette dans le brasier sans hésiter. Il se transforme donc en Soleil sous le nom de Tonatiuh. Le premier dieu, celui qui avait échoué, finit par suivre son exemple et devient la Lune.

Le grand sacrifice

Reste un problème : le Soleil et la Lune sont immobiles dans le ciel. La lumière et la chaleur deviennent insupportables. Tonatiuh déclare aux dieux : « Je ne commencerai ma course que lorsque vous vous serez sacrifiés pour me rendre hommage. » Les dieux sont furieux mais finissent par accepter. Quetzalcoatl arrache le cœur des autres dieux et le Soleil entreprend alors son premier voyage journalier. Voilà pourquoi les Aztèques font des sacrifices humains : en reproduisant le sacrifice des dieux au commencement du monde, ils permettent au Soleil de continuer sa course.

Le dieu Nanahuatzin s'apprête à se jeter dans le brasier afin de renaître sous la forme du cinquième Soleil.

Quetzalcoatl offre les cœurs des dieux en sacrifice, afin que le Soleil poursuive sa course.

Les hommes et le maïs

Tandis que les dieux du vent dispersent les graines de maïs à travers le monde, Tlaloc sème ces graines dans la terre.

Sans les hommes, les dieux ne sont rien. Ils ont besoin des humains pour les adorer et les abreuver de leur sang, la seule nourriture qui leur convienne !

Recréer les humains

Les hommes du quatrième monde ont été transformés en poissons lors de sa destruction. Quetzalcoatl descend aux Enfers afin de récupérer leurs os et de s'en servir pour recréer les humains, mais Mictlan, le seigneur des lieux, n'est pas d'accord. Il impose mille épreuves à Quetzalcoatl pour le faire échouer. Quetzalcoatl tombe dans une fosse, où les ossements se brisent. Il les apporte tout de même à Cihuacoatl, une déesse-serpent. Celle-ci les broie, puis les dieux mêlent un peu de leur sang à cette farine : les humains sont nés.

Comment nourrir les hommes ?

Les dieux ont encore un problème à résoudre : comment nourrir cette humanité nouvelle ? Quetzalcoatl aperçoit une fourmi qui transporte un grain de maïs. « Où l'as-tu trouvé ?» lui-demande-t-il. Et il se transforme en fourmi pour suivre l'insecte au cœur du mont Tonacatepetl. Il parvient dans une grotte où sont amassées des réserves et y prend quelques grains de maïs. Nanahuatzin, qui ne s'est pas encore transformé en Soleil, brise en deux la montagne, et les dieux du vent dispersent les grains dans le monde pour permettre aux hommes de les cultiver et de s'en nourrir. Ce mythe explique comment le maïs est devenu la base de l'alimentation dans cette région du monde. Le maïs est même divinisé, et fait l'objet d'un culte de la part des Indiens.

Uitzilopochtli

Ce dieu de la guerre est important pour les Aztèques. Il est menacé dès les premiers instants dans le ventre de sa mère, mais sa bravoure l'amènera à devenir un guide pour son peuple.

La première bataille

Uitzilopochtli est le fils de Coatlicue, déesse de la terre et des fleurs. Un jour, elle trouve sur le mont Coatepec une boule de plumes et tombe mystérieusement enceinte dès qu'elle la ramasse. Ses autres enfants, une fille et 400 garçons, s'étonnent de cette étrange grossesse. Ils sont si furieux qu'ils décident de tuer leur propre mère ! Mais Uitzilopochtli, toujours dans le ventre de sa mère, parle à celle-ci : « Ne crains rien, je te protégerai ! » Il naît, tout armé, juste au moment où ses demi-frères et sa demi-sœur arrivent au sommet du Coatepec pour tuer leur mère. Il précipite sa sœur dans le vide et extermine tous ses frères. Cette victoire symbolise celle des Aztèques sur tous les peuples qu'ils ont conquis.

Le guide

Selon les Aztèques, Uitzilopochtli a joué un rôle déterminant dans leur histoire. Il les a accompagnés dans leur longue migration à la recherche de terres cultivables. C'est lui qui, par un signe (un aigle perché sur un cactus en train de dévorer un serpent), leur a indiqué l'endroit où ils devaient fonder leur ville. À partir de ce signe, les Aztèques mettent fin à leur errance et construisent la cité de Tenochtitlan (Mexico).

L'emblème national mexicain.

Les dieux mayas

Itzamna

Un chac

Dieu du maïs

Dieu de la mort

Les Mayas sont constitués de plusieurs peuplades. Bien qu'installées dans des régions différentes, elles parlent des dialectes voisins et ont des croyances très proches. Ainsi, le Quetzalcoatl des Aztèques est adoré sous le nom de Kukulcan par les Mayas du Yucatan et sous celui de Gucumatz par les Mayas des hautes terres.

Voici quelques-uns de leurs principaux dieux :

Itzamna est le dieu primordial. Les Mayas le représentent comme un vieillard édenté : pour eux, la vieillesse n'est pas un signe de faiblesse ; au contraire ils pensent qu'elle augmente l'énergie vitale.

Selon les mythes mayas, **le dieu du Soleil** se transforme en jaguar lorsqu'il disparaît sous la Terre pendant la nuit.

Les quatre Chac, dieux de la pluie et des éclairs, peuvent, selon leur humeur, faire pousser des récoltes ou envoyer la foudre sur les hommes. Les Mayas redoutent leur pouvoir.

Le dieu du maïs, dont le nom était peut-être Hun Nal, est représenté avec un épi de maïs en guise de chapeau. Le maïs n'est pas seulement l'aliment de base des hommes : les dieux ont aussi réalisé la chair des humains du cinquième monde à partir de cette plante (voir p. 105) !

Le dieu de la mort a l'apparence d'un squelette. Il ressemble à celui des Aztèques. Les hommes vivants le redoutent ; il emmène en effet les morts dans son royaume, où ils connaissent une existence morne et sans joie pour l'éternité.

Des dieux protecteurs

Les Mayas croient aussi à l'existence d'autres dieux, comme Ixchel, déesse de la Lune, que l'on implore pour que les accouchements se déroulent bien, ou Xaman Ek, dieu de l'étoile polaire, qui protège les marchands lors de leurs longs voyages.

La naissance des hommes

Les hommes de glaise ne résistent malheureusement pas à la pluie !

Les Mayas pensent que les dieux, n'étant jamais satisfaits du résultat, ont fabriqué plusieurs races d'hommes avant eux. Ces dieux voulaient en effet créer des êtres capables de les adorer et de les nourrir...

La création de la Terre

Le *Popol-Vuh*, texte sacré des Mayas, décrit le commencement du monde : il n'y avait alors que la mer sous le ciel. Puis des dieux, dont Gucumatz, le Serpent à plumes, et Huracan, appelé aussi Cœur de ciel, se sont réveillés. Ils prennent des mesures et créent peu à peu la Terre. Ils façonnent des montagnes, des cyprès et des pins. Mais qui habitera ces contrées neuves ?

Quels humains ?

Gucumatz et Huracan peuplent d'abord la Terre d'oiseaux, de jaguars, de cerfs, de serpents... Ceux-ci se mettent à pousser des cris mais ne savent pas parler. Comment pourraient-ils chanter des louanges aux dieux, leurs créateurs ? « Pour votre punition, votre chair sera mangée par d'autres créatures », décident les dieux. Les divinités veulent faire mieux, elles prennent de la glaise et lui donnent forme humaine, mais ces premiers hommes ramollissent à la pluie. Les dieux, déçus, les détruisent. Ils essaient avec du bois. Les hommes de bois et les femmes de jonc se tiennent debout, savent parler mais ne sont pas intelligents. Les dieux les détruisent. Ils ont enfin une solution : la chair de l'homme doit être faite de maïs. Aussitôt dit, aussitôt fait. Gucumatz et Cœur de ciel ont un peu trop bien réussi à leur goût : les hommes sont presque aussi parfaits que les dieux. Ils peuvent même voir tout ce qui se passe sur Terre. Les dieux leur rendent donc la vue moins perçante. L'homme est né.

Un jeu sacré

Représentation aztèque des dieux lors d'une partie du jeu sacré.

Le jeu de balle tient un grand rôle dans la religion des Mayas et des Aztèques. Chaque fois que les hommes disputent une partie, c'est comme s'ils rejouaient l'un des épisodes de leur mythologie.

Quetzalcoatl contre Tlaloc

Selon les Aztèques, Quetzalcoatl dispute un jour une partie contre Tlaloc, dieu de la pluie, et ses enfants. Quetzalcoatl gagne la partie et Tlaloc lui offre du maïs en hommage. Quetzalcoatl refuse : il préfère du jade et des plumes colorées ! Tlaloc lui explique combien le maïs est plus précieux que ces trésors : il permet de nourrir les hommes.

Les jumeaux mayas

Les Mayas pensent que les jumeaux sont doués de pouvoirs extraordinaires. Le *Popol-Vuh* raconte les exploits de deux d'entre eux, Ixbalanque et Hunahpu. Leur père a été vaincu au jeu de balle par les Xibalbas, les dieux de l'Enfer, qui l'ont ensuite décapité. Les jumeaux Ixbalanque et Hunahpu descendent aux Enfers pour le venger. Ils subissent de nombreuses épreuves, au cours desquelles Hunahpu perd sa tête, arrachée par une monstrueuse chauve-souris ! Ixbalanque, son frère, lui remplace par une courge et ils peuvent alors se mesurer aux Xibalbas dans une partie de jeu de balle. Cette partie incroyable permet à Hunahpu de retrouver sa tête et de vaincre les puissances de la mort.

Le but du jeu est de faire passer une lourde balle en caoutchouc dans un cercle de pierre fixé à un mur du terrain de jeu. Les joueurs ont le droit de frapper la balle avec leurs hanches et leurs coudes (comme ci-dessous), mais ni avec les mains ni avec les pieds. On pense que le capitaine de l'équipe perdante était mis à mort.

En Amérique du Nord

Chaman invoquant les esprits.

Comment connaît-on les mythes indiens ?

L'arrivée des Européens, à partir du XVIIe siècle, a bouleversé la vie de ces peuples. On leur a confisqué peu à peu leurs territoires et, à présent, ils ne sont plus très nombreux. Des ethnologues (personnes qui étudient les ethnies) ont patiemment recueilli les histoires contées par de vieux Indiens, pour lesquels la tradition reste très présente.

Depuis de nombreux siècles, les Indiens d'Amérique du Nord se transmettent oralement, de génération en génération, des histoires qui racontent comment le monde est devenu tel que nous le voyons.

Tout est sacré

Pour les Indiens, tout ce qui existe dans la nature est lié : hommes, rochers, arbres, animaux... Un homme peut ainsi se transformer en pierre ou en animal, et réciproquement. Selon les régions qu'occupent les tribus, les traditions diffèrent, mais de grands thèmes leurs sont communs à tous.

Qui sont les chamans ?

Ces hommes sont à la fois prêtres et guérisseurs. Ils sont capables de communiquer avec les esprits par le rêve ou au cours d'une apparition. En temps normal, les esprits sont invisibles, mais il leur arrive de prendre une forme humaine ou animale. Seuls les chamans sont alors capables de les reconnaître. Le chaman peut demander l'aide de l'esprit ou le chasser. En effet, si un homme est malade, c'est qu'un esprit s'est emparé de son corps. Le chaman peut repérer l'esprit responsable et le forcer à se retirer.

Le totem est un long poteau de bois sculpté fiché dans la terre. Il mesure souvent une vingtaine de mètres ! On y trouve la figuration de l'animal dont la tribu pense descendre.

Ainsi naît la Terre

Iktomi envoie le rat musqué chercher de la terre au fond de l'eau.

Dans un grand nombre de mythes indiens, la Terre a été créée à partir d'un peu de boue tirée du fond de l'océan.

Chez les Indiens Assiniboine

Il y a très longtemps, il n'y avait que de l'eau à la surface du monde. Iktomi, à la fois homme et araignée, décide de créer la terre ferme. Mais comment s'y prendre ? Il ordonne à divers animaux de descendre tout au fond de l'océan, mais il est si profond, qu'aucun n'y parvient ! Iktomi tente un dernier essai avec le rat musqué : « Toi, lui commande-t-il, plonge et rapporte-moi de la terre. » L'animal obéit et disparaît sous l'eau. Il y reste longtemps, longtemps... Quand il reparaît enfin, il est mort noyé, mais Iktomi trouve un peu de boue coincée sous les griffes du pauvre animal, parvenu jusqu'au fond de l'océan. Iktomi s'en sert donc pour former la terre.

Chez les Cheyenne

Selon les mythes Cheyenne, c'est Grand Esprit, une sorte de dieu, qui a créé l'océan, les poissons et les oiseaux de mer. Les oiseaux, fatigués de voler sans cesse, souhaiteraient trouver un endroit où ils pourraient se poser pour reprendre des forces. L'un d'eux plonge au fond de l'océan et en rapporte un peu de boue. Grand Esprit la malaxe dans ses mains. Peu à peu, la boue devient de plus en plus volumineuse ; une tortue vient la soutenir sur son dos. Ainsi est née la Terre !

Représentation de la tortue par les Indiens Cheyenne.

Coyote vole le Soleil

En ce temps-là, la Terre était plongée dans l'obscurité : il n'y avait ni Soleil ni Lune. Voici comment ils sont apparus dans le ciel.

Un piètre chasseur

Coyote a beau chasser, il n'attrape presque rien. Le ventre creux, il observe Aigle, qui prend autant de lapins qu'il veut. « Je vais chasser avec lui puisqu'il est si habile », se dit Coyote. Aigle accumule les proies mais Coyote n'arrive à rien. « C'est parce qu'il fait trop sombre, il me faudrait de la lumière, déclare-t-il. Aigle lui répond : « Je crois en avoir vu vers l'ouest », et il s'envole. Coyote le suit péniblement en courant.

Le vol

Ils arrivent à un village. Coyote remarque que les hommes conservent un peu de lumière dans un petit coffret et, lorsqu'ils veulent être très éclairés, ils ouvrent un autre coffre plus grand. Dans le premier est enfermé la Lune, dans le second, le Soleil. « Volons ces coffres », murmure Coyote à Aigle. Dès que les hommes sont endormis, Aigle place la Lune et le Soleil dans le coffre, qu'il emporte dans les airs. Coyote l'implore tout en courant. « Laisse-moi porter ce fardeau ! » Aigle refuse puis finit par accepter.

Les astres s'échappent

« Je te confie le coffre. Mais ne t'avise surtout pas de l'ouvrir ! » lui dit Aigle. Pourtant, Coyote, trop chargé, finit par s'arrêter, essoufflé. Il entrouvre alors le couvercle, et aussitôt, le Soleil et la Lune s'échappent dans le ciel !

L'Oiseau-tonnerre

L'Oiseau-tonnerre est un être divin, qui vient à plusieurs reprises au secours des Indiens.

Que se passe-t-il quand le tonnerre gronde ? Qui peut bien produire ces éclairs dans le ciel, bientôt suivis d'un bruit terrible ? Les Indiens connaissent la réponse : c'est l'Oiseau-tonnerre.

Qui est l'Oiseau-tonnerre ?

C'est un immense oiseau qui ressemble à un aigle. Il se cache derrière les nuages, c'est pourquoi les hommes ont beaucoup de mal à l'apercevoir. Lorsqu'il vole, le battement de ses ailes fait un bruit semblable au tonnerre. Ses yeux lancent de tels éclairs que la terre en est illuminée.

Est-il bon ou méchant ?

L'Oiseau-tonnerre est bon envers les hommes. C'est pourquoi il est souvent représenté tout en haut des totems. Certaines tribus du Canada racontent qu'une baleine affamait et terrorisait la région. L'Oiseau-tonnerre, ami des hommes, la prit entre ses serres immenses et la transforma en montagne.

La lutte contre le serpent

Dans certaines histoires, il existe plusieurs Oiseaux-tonnerre. Ils font leur nid tout en haut des montagnes et y pondent des œufs énormes. Un jour, racontent les Sioux, les Oiseaux-tonnerre ont aidé les hommes à se débarrasser d'Unktehi, un serpent monstrueux tout couvert d'écailles, avec une corne sur la tête. Unktehi vivait dans le lit du fleuve Missouri et attaquait les hommes ; ses petits hantaient les cours d'eau alentour. Les Oiseaux-tonnerre se sont alors rassemblés et ont lancé tous à la fois tonnerre et éclairs. C'est ainsi que le terrible serpent et sa famille furent vaincus, laissant les hommes en paix.

Les premiers hommes

Les Indiens Navajo pensent que les tout premiers hommes leur ressemblaient mais qu'ils possédaient des dents, des griffes et des pieds de bêtes sauvages. Les dieux ont alors voulu créer de nouveaux hommes.

Une drôle de rencontre

Un jour, les tout premiers hommes voient apparaître quatre dieux étranges. Ils ressemblent aux hommes que nous sommes actuellement mais ont chacun une couleur : il y a Être Blanc, Être Bleu, Être Jaune et Être Noir.

Ces quatre dieux ont beaucoup de mal à communiquer avec les tout premiers hommes. Au bout d'un certain temps Être Noir parvient à leur expliquer : « Nous voulons créer de nouveaux hommes à notre image. »

Des plumes et du maïs

Douze jours plus tard, les quatre dieux reviennent vers les humains. Être Blanc porte deux épis bien mûrs : un de maïs blanc et l'autre de maïs jaune. Les dieux étalent sur le sol une peau de daim dont ils tournent la tête vers l'ouest. Dessus, ils déposent le maïs, avec une plume d'aigle blanc sous l'épi blanc et une plume d'aigle jaune sous l'épi jaune. Ils recouvrent l'ensemble d'une seconde peau, tête vers l'est.

Le vent qui donne la vie

Les dieux font ensuite reculer les hommes, pour que le vent puisse passer. Le vent blanc venu de l'ouest se glisse entre les deux peaux et les plumes d'aigle commencent à bouger... Quand les dieux les découvrent enfin, l'épi de maïs blanc s'est transformé en Premier-Homme et l'épi jaune en Première-Femme. Le vent leur a donné le souffle de vie.

Esprit-du-Ciel et les grizzlis

Dans la mythologie indienne, les animaux sont proches des hommes. On raconte même que, dans des temps très anciens, les hommes et les animaux se ressemblaient en partie.

Bien au chaud

Le chef Esprit-du-Ciel a froid dans le monde d'en haut, où il habite avec sa famille. Il décide d'aller vivre sur la Terre. Pour cela il perce un trou dans le ciel et y déverse de la neige, qui s'accumule sur la Terre et forme une haute montagne. Puis il descend avec les siens le long de cette montagne et s'installe à l'intérieur, comme sous un immense tipi.

La création des grizzlis

Esprit-du-Ciel donne naissance à toutes les créatures qui peuplent la Terre : là où il pose le pied se met à couler une rivière ; là où il enfonce le doigt pousse un arbre. Dans les rivières, il jette des petits bouts de bâton qui se transforment en poissons et en castors. Il jette de plus gros bouts de bois desquels jaillissent divers animaux, dont l'ours grizzli. À cette époque, le grizzli parle et marche sur deux pattes. Esprit-du-Ciel l'envoie vivre loin de lui, dans la forêt.

Selon ce mythe, les Indiens sont nés de l'union d'une déesse et d'un grizzli.

L'origine des Indiens

Un jour, l'une des filles d'Esprit-du-Ciel est emportée par Esprit-du-Vent et déposée dans la forêt des grizzlis. Elle épouse un des ours et donne naissance à plusieurs enfants : les ancêtres des Indiens. Bien plus tard, Esprit-du-Ciel retrouve sa fille et découvre ses petits-enfants. Il est pris d'une colère épouvantable : « Voici des créatures que je n'ai pas créées moi-même. Pour vous punir, vous, les grizzlis, vous ne parlerez plus et vous irez désormais à quatre pattes !».

En Afrique noire

Danseurs dogons, au Mali.

L'Afrique représente un vaste territoire où vivent des peuples divers. Chacun parle sa propre langue et a ses propres croyances. Les mythes et les légendes se transmettent oralement de génération en génération, sans qu'il y ait de traces écrites.

Des croyances actuelles

À la différence des autres civilisations, en Afrique noire, des légendes et certains mythes sont encore très présents. Au Mali, par exemple, chez le peuple dogon, on organise des danses sacrées au cours desquelles de superbes masques font revivre des mythes très anciens.

Un dieu inaccessible

La plupart des peuples d'Afrique noire croient en un dieu qui demeure loin des hommes, même si peut-être un jour il a vécu près d'eux. Des légendes racontent ainsi comment les hommes ont voulu se rapprocher à nouveau de lui. Dans l'une d'elles, ils décident de construire une immense tour en bois pour rejoindre le ciel. Quand ils y parviennent enfin, ils jouent du tambour et de la flûte pour avertir les autres hommes de leur succès. Mais le dieu, irrité de ce tapage, détruit la tour.

Des divinités plus proches

Les Africains honorent aussi des divinités plus proches d'eux, dont beaucoup représentent des forces de la nature. En Afrique de l'Ouest, on respecte ainsi le dieu de la mer Olokoun, la déesse de la rivière Oshoun, qui peut protéger des maladies, ou encore Shango, le dieu du tonnerre.

Statuette du dieu Olokoun, dieu de la mer, au Nigeria.

Un serpent sous la Terre

D'après le mythe Fon, au Bénin, le serpent Aido-Hwedo, enroulé sur lui-même, soutient la Terre et toutes les créatures qui la peuplent.

Chez les Fon, au Bénin, on pense qu'un dieu à deux visages, à la fois féminin et masculin, est à l'origine de l'univers. Jamais il n'aurait pu terminer le monde sans l'aide du serpent Aido-Hwedo.

La création de la Terre

Pour le dieu à deux visages, c'est une tâche très vaste : il forme d'abord la Terre, puis il y façonne les montagnes et les fleuves, les arbres, les animaux... Pendant ce temps de création, le serpent Aido-Hwedo l'aide en le transportant dans sa gigantesque gueule.

Le soutien d'Aido-Hwedo

Mais le dieu crée tant de choses que la Terre ne peut bientôt plus supporter tous ces reliefs, ces forêts, ces lacs, ces animaux...
Vite, Aido-Hwedo s'enroule sur lui-même et se place sous la Terre pour la soutenir. Ce fardeau lui tient trop chaud. Le dieu fait alors apparaître les océans pour le rafraîchir. Depuis lors, le serpent se cache dans leurs eaux profondes. On dit que, dès qu'il bouge, il provoque des tremblements de terre Certains ajoutent même que son frère jumeau, le serpent Arc-en-ciel, est capable de déclencher la foudre et le tonnerre !

Et les hommes ?

Selon les légendes, une fois le monde créé, le dieu s'est attaché à modeler l'homme avec de l'argile et de l'eau. D'autres récits racontent que les premiers hommes et les premières femmes sont tombés du ciel lors d'une pluie qui dura 17 jours ! C'est Gu, le dieu de la guerre et des forgerons et le fils du dieu créateur, qui leur a appris à fabriquer des outils. Il leur a aussi montré comment se construire des abris solides et comment défricher les forêts à l'aide d'un coupe-coupe. Ainsi ils ont pu cultiver la terre et se nourrir.

Ainsi sont nés les éclairs

Le peuple yoruba vit au Nigeria, au Bénin et au Togo. Ce peuple croit en des dieux du bien et des dieux du mal. Shango, le dieu du tonnerre, est l'un des dieux du bien les plus importants.

Le rêve de Shango

Shango est très puissant : c'est lui qui fait retentir le tonnerre dans le ciel. Mais cela ne lui suffit pas. Un jour, il se rend auprès d'Eshu, un dieu rusé et magicien, et lui offre une chèvre en sacrifice (1) avant de lui demander : « Dis-moi comment devenir encore plus puissant. » Alors, Eshu décide de lui concocter une boisson magique. Une fois la potion prête, Shango envoie sa femme la chercher. Celle-ci, sur le chemin du retour, ne peut s'empêcher d'y goûter...

Les éclairs accompagnent le tonnerre

Quand elle revient auprès de son mari et ouvre la bouche pour parler, il n'en sort que des flammes (2) ! Shango chasse alors sa femme, puis il boit la potion magique. Des éclairs jaillissent de sa bouche. Depuis ce jour, ils accompagnent le tonnerre et les éclairs les jours d'orage (3). Shango les utilise pour rendre la justice : il abat la foudre sur ceux qui ont été méchants.

Ce bâton de cérémonie des Yoruba symbolise le dieu Shango.

Les hommes deviennent mortels

Selon de nombreuses légendes africaines Dieu n'aurait pas souhaité que les hommes soient mortels, mais un malheureux événement a changé leur destinée.

La mission de Le-eyo

Voici comment, selon les Massaïs, qui vivent au sud du Kenya et au nord de la Tanzanie, les hommes ont perdu leur immortalité. Dieu a créé les humains. Il veut leur réserver un destin très doux. Il choisit alors Le-eyo, un homme qu'il apprécie tout particulièrement, et il lui donne le conseil suivant : « Lorsque le premier enfant sera pris par la mort, il faudra que tu dises cette formule : "L'homme meurt et revient ; la Lune meurt et ne revient pas." Ainsi, il sera rappelé à la vie. »

Le-eyo manque à son devoir

Le jour arrive où le premier enfant meurt. Comme il n'appartient pas à la famille de Le-eyo, celui-ci néglige le rite que Dieu lui a recommandé. Un peu plus tard, un deuxième enfant meurt parmi les hommes. Cette fois, c'est l'un des fils de Le-eyo. Ce dernier, empli de douleur, récite la phrase confiée par Dieu. Le-eyo attend, mais l'enfant ne revient pas à la vie. « Tu as manqué à ton devoir une première fois, lui explique Dieu. Désormais, par ta faute, les hommes seront mortels. »

Le lézard et le caméléon

En Côte-d'Ivoire, les Bété racontent une autre histoire. Quand Dieu a créé les hommes, il leur a recommandé : « Ne vous éloignez pas de moi, sinon, vous risquez de mourir. » Mais les hommes se sont établis loin de Dieu. Dieu décide un jour de leur adresser deux messages. Mais seul le premier se réalisera. Il charge un lézard d'aller dire aux hommes : « L'homme mourra, et ce sera pour toujours » et un caméléon de déclarer « Désormais, l'homme mourra mais il reviendra à la vie ». Le lent caméléon arrive bien après le lézard. Les hommes seront mortels.

Les quatre hommes et le riz

Il y a très longtemps, quatre hommes vivaient dans l'île de Madagascar. Ils ne s'entendaient pas mais souhaitaient se réconcilier. Ils allèrent trouver Dieu pour qu'il leur vienne en aide.

À chacun ses passions

Chacun de ces quatre hommes avait une passion qui occupait son existence. Le premier, armé d'une sagaie, passait son temps à poursuivre les bêtes sauvages. Il aimait les chasser, puis les manger. Le deuxième avait fabriqué un filet pour attraper les oiseaux. Quand il les avait capturés, il les tuait pour lire les présages dans leurs entrailles. Le troisième aimait tout ce qui brille : le fer, l'argent, l'or, un fruit au soleil... Il pouvait contempler des heures ce genre de choses. Le dernier passait son temps à retourner et à cultiver la terre.

Dieu leur donne du riz

Les quatre hommes, qui ne parvenaient pas à s'entendre, demandèrent conseil à Dieu pour qu'il les réconcilie. Il était occupé : « Je dois battre mon riz, je n'ai pas le temps de m'occuper de vous. Mais prenez chacun une poignée de riz et je viendrai vous revoir. » Chacun repartit avec sa poignée de riz. Le premier aperçut en chemin une bête sauvage. Il se mit à la poursuivre et, dans sa course, perdit son riz. Le deuxième déposa son riz près de sa case, avant de partir à la recherche d'un oiseau. À son retour, le vent avait emporté son trésor. Le troisième vit un objet blanc briller au bord d'un torrent. Il s'approcha, mais son riz tomba dans l'eau et fut emporté par le courant. Le quatrième trouva en chemin de la terre molle et commença à la retourner. Le vent dispersa le riz, qui se mit à germer dans la terre.

Dieu trouve la solution

Dieu vint les revoir. « Vous voyez, vous restez fidèles à votre destinée. Chacun participera à la marche du monde : l'un sera chasseur, le deuxième sorcier, le troisième marchand et le dernier paysan. »

En Australie

L'Australie est une très grande île à l'autre bout du monde, presque aussi vaste que les États-Unis. Lorsqu'ils l'ont colonisée, les Européens y ont découvert des paysages extraordinaires et des hommes, les Aborigènes, qui avaient développé une civilisation fondée sur des mythes complexes.

Une étonnante nature

Des rochers en équilibre au milieu du désert, des paysages lunaires, de grandes plaines sèches... L'Australie est un vaste territoire où, sous l'effet de la chaleur, apparaissent des lacs irréels, les mirages. Cette nature étrange joue un rôle important dans les mythes : chaque arbre, chaque montagne, chaque grotte chaque caillou peut être sacré.

Qui sont les Aborigènes ?

Ils peuplent l'Australie depuis au moins 50 000 ans. Organisés en tribus, les Aborigènes ont longtemps vécu de chasse et de pêche. Leur mode de vie a été identique pendant des milliers d'années. Ils se sont transmis l'histoire de leurs ancêtres mythiques de génération en génération, au cours de rites sacrés principalement destinés aux garçons.

Un destin bouleversé

Lorsque les Européens ont colonisé l'Australie, au XVIIIe siècle, ils se sont approprié les terres des Aborigènes, sans comprendre qu'ils les privaient ainsi d'une grande partie de leur culture : c'est sur ces territoires qu'avaient vécu leurs ancêtres du « Temps du rêve ». Avec les tribus, ont disparu aussi de nombreuses langues, mais des croyances sont encore bien vivantes chez les Aborigènes restants.

Ce gigantesque rocher se nomme Uluru ou Ayers Rock. Il se situe en plein cœur de l'Australie et son grès rouge domine le plat paysage du bush. Pour les Aborigènes, c'est l'un des lieux les plus sacrés du pays.

Le « Temps du rêve »

Représentation aborigène du « Temps du rêve ». Les dessins, peintures et tissages aborigènes sont souvent inspirés de ce temps sacré.

Les Aborigènes pensent que le monde a été créé pendant un temps sacré : le « Temps du rêve », ou « Altjeringa ».

Qu'est-ce qu'un « rêve » ?

C'est un récit qui raconte les actions des ancêtres mythiques lors de l'Altjeringa. Ces actions se situent dans un passé très lointain, mais aussi dans un éternel présent : au cours de cérémonies sacrées, les Aborigènes miment ce que leurs ancêtres ont fait au Temps du rêve. Ils retracent ainsi au cours de leur vie la totalité de l'histoire sacrée de leur tribu.

À chaque tribu ses rêves

Toutes les tribus croient au Temps du rêve, mais chacune y raconte l'histoire de ses ancêtres en particulier et ne mime que les actions qui ont eu lieu sur son propre territoire.
Ainsi, chaque tribu a le sentiment d'appartenir à un même grand puzzle, puisque son savoir complète celui des autres tribus, ce qui maintient la paix entre les Aborigènes.

Le Serpent arc-en-ciel

Ce serpent est l'une des divinités les plus importantes pour les Aborigènes. Il est sorti de l'eau souterraine au Temps du rêve. En rampant sur la terre, il a créé par ses ondulations les plaines et les montagnes. C'est aussi lui qui a créé l'eau de pluie et les premiers ancêtres.
Il manifeste sa présence par l'apparition de l'arc-en-ciel, qui est sa maison selon certaines tribus, et à travers les cristaux de quartz par exemple. Il détient des pouvoirs immenses, qu'il a donnés aux « hommes-médecine ». Ces hommes savent soigner les malades,

Le Serpent arc-en-ciel.

voire les esprits et l'âme des morts. En avalant des cristaux de quartz ou des coquillages nacrés, ils absorbent en même temps les pouvoirs du Serpent arc-en-ciel.

La puissance des rites

En Australie centrale, des hommes se rendent dans certains lieux sacrés : une grotte par exemple. Ils apportent des objets magiques représentant la puissance des esprits. Parfois, ils incisent une veine de leur bras pour faire couler un peu de leur sang, magique lui aussi. Puis ils repeignent une très ancienne peinture rupestre qui se trouve là et que des générations d'Aborigènes ont entretenue de la même façon. Cette fresque représente souvent une espèce animale dont l'esprit du lieu a pris la forme au Temps du rêve. Les Aborigènes la repeignent parce qu'ils pensent que grâce à cet acte, l'espèce animale dessinée va se reproduire abondamment, ce qui sauvera la tribu de la famine.

Les origines

Selon les Aborigènes Arandas, le monde s'est créé lorsque des êtres surnaturels qui dormaient sous la Terre se sont réveillés au Temps du rêve. Ils sont venus à la surface du monde pour faire apparaître la vie, l'eau et apprendre aux hommes à se chauffer, à se nourrir...

Les danses rituelles aborigènes miment très souvent des mouvements d'animaux.

Les animaux des « rêves »

Serpents, baleines, lézards… les animaux sont souvent mis en scène et jouent un grand rôle dans les « rêves » que racontent les tribus australiennes.

Les deux sœurs et le serpent

Il était une fois deux sœurs qui avaient entrepris un long voyage. Au cours de leur périple, l'une d'elles, enceinte, donne naissance à une fille. Ces jeunes femmes s'arrêtent ensuite pour préparer leur repas près d'un puits sacré où vit le serpent Djulungul. Celui-ci est furieux : selon la tradition aborigène, une femme qui vient tout juste d'accoucher n'a pas le droit de s'approcher d'un lieu sacré. Le serpent crache alors tant d'eau qu'un nuage chargé de pluie se forme dans le ciel. Vite ! les deux femmes construisent une hutte pour s'abriter, mais Djulungul y pénètre et avale les deux sœurs ainsi que la petite fille. Plus tard, elles reprennent vie après qu'il les a vomies. Ce mythe s'est répété sans fin, pour permettre à la Terre de se peupler.

La baleine Lumaluma

Au Temps du rêve, la baleine Lumaluma sort un jour de la mer et prend forme humaine pour transmettre certains rites aux hommes. Mais elle se met peu à peu à abuser de son pouvoir. Chaque fois qu'elle voit des mets appétissants, comme du miel sauvage, elle le déclare sacré. Les hommes n'ont donc plus le droit d'en manger, et elle seule peut s'en régaler. Le jour où Lumaluma tente de goûter à la chair humaine, les hommes se révoltent et la tuent à coups de javelot. Mais les rites que Lumaluma leur a enseignés et les objets sacrés qu'elle leur a donnés sont restés importants dans les cérémonies aborigènes.

Quelle forme humaine a pris la baleine Lumaluma lorsqu'elle est sortie de l'eau ? Un artiste aborigène en a fait cette représentation.

Localisation des

Odin est le chef ***des dieux vikings.*** *C'est le dieu des victoires. Il accueille auprès de lui les guerriers morts au combat (voir page 80).*

Chez les Indiens d'Amérique du Nord, *Coyote est un animal divin et rusé. Comme les hommes, il a aussi des défauts. Grâce à lui, la Lune et le Soleil éclairent le monde.*

Lug est une divinité de ***la mythologie celte.*** *Dieu de la lumière, il est courageux, doué d'une force étonnante, musicien et magicien (voir page 73).*

Le Serpent à plumes est un dieu très important dans la mythologie des peuples ***d'Amérique centrale.*** *Il se nomme Quetzalcoatl chez les Aztèques et Kukulcan ou Gucumatz chez les Mayas (voir page 101).*

En Afrique de l'Ouest, *chez les Yoruba, Shango est le dieu du tonnerre. Il peut cracher des éclairs et faire tomber la foudre (voir page 115).*

Nous avons présenté dans ce livre quelques-uns des grands mythes imaginés par les hommes : partout, sur tous les continents, les peuples ont raconté et racontent encore des histoires divines qui expliquent les mystères de l'univers. Partout, en Amérique comme en Asie, en Europe comme en Afrique, des dieux sont à l'origine du monde.

principales mythologies

TABLE DES MATIÈRES